ANDREA RICCARDI

Die Peripherie: Ort der Krise und des
Aufbruchs für die Kirche

Andrea Riccardi

Die Peripherie:
Ort der Krise und des Aufbruchs
für die Kirche

aus dem Italienischen übersetzt

von

Bernardin Schellenberger

echter

Titel der Originalausgabe:
Periferie. Crisi e novità per la Chiesa.
© 2016 Editoriale Jaca Book SpA, Milano

Übersetzt aus dem Italienischen von Bernardin Schellenberger.

Bibliografische Information der Deutschen Nationalbibliothek
Die Deutsche Nationalbibliothek verzeichnet diese Publikation
in der Deutschen Nationalbibliografie; detaillierte bibliografische
Daten sind im Internet über ‹http://dnb.d-nb.de› abrufbar.

1. Auflage 2017
© 2017 Echter Verlag GmbH, Würzburg
www.echter.de

Umschlag: Peter Hellmund, Würzburg (Foto shutterstock)
Satz: Crossmediabureau – http://xmediabureau.de
Druck und Bindung: CPI books – Clausen & Bosse, Leck

ISBN 978-3-429-04321-6

INHALT

KAPITEL 1

Die Wiederentdeckung der Peripherien 7
Die Aufforderung von Papst Franziskus 7
Die globale Stadt: neue Szenarien 12
Die Kirche des Südens 18
Die Wende von Franziskus 23
Früher war die Kirche im Zentrum 27
Eine der Kirche fremde Welt 31

KAPITEL 2

Das Erbe der Peripherie im Christentum 39
Bibel und Peripherie 39
Der Dialekt von Galiläa 44
Arme, Randgestalten und die Peripherie 50
Die Betonung des Zentrums 56
Ein zur Peripherie gewordenes Zentrum 60
Weltflucht und Wüste 65

KAPITEL 3

Peripherien heute 75
Das Entstehen der heutigen Peripherien 75
Die Fremdheit des Christentums 81
Paris und ein beunruhigter Kardinal 87
Frankreich – Missionsland? 93
Eine kurze großartige Geschichte 96
Ein Scheitern und viele Fragen 108
Ein Ort der Prüfung für die zentrale Bedeutung
des Christentums 112

Die Mystik der Peripherie. 118

Sant'Egidio: die Vorstädte und die Stadt 124

Frauen in der Peripherie 136

Eine Frau in der marxistischen Stadt. 142

Zum Schluss: Evangelium und Peripherie 149

KAPITEL 4

Einige Fragmente christlichen Lebens am Rand **165**

Sich ganz erniedrigen 165

Sich zum Fremden gegenüber der eigenen Kirche

machen. 171

Die russische Kirche von Sibirien aus gesehen 174

Eine Nonne im Lager. 180

Ein römischer Gottesnarr des zwanzigsten Jahrhunderts . 186

Kapitel 1
Die Wiederentdeckung der Peripherien

Die Aufforderung von Papst Franziskus

Papst Franziskus hat unmittelbar nach seiner Wahl die allgemeine Aufmerksamkeit auf das Thema der Peripherien, der Randgebiete gelenkt. Im Christentum haben die Peripherien eine lange und komplexe Geschichte, ja sie sind sogar die Drehscheibe der unterschiedlichsten Geschichten und Erfahrungen. Aber es war Bergoglio, der das Interesse der Kirche wieder ausdrücklich auf dieses Thema gelenkt hat. Das findet sich bereits in seiner Wortmeldung bei den Kardinalstreffen vor dem Konklave, von dem er dann zum Papst gewählt wurde. Als damaliger Erzbischof von Buenos Aires sagte er dort vor seiner Wahl:

„Evangelisierung setzt apostolischen Eifer voraus. Sie setzt in der Kirche kühne Redefreiheit voraus, damit sie aus sich selbst herausgeht. Sie ist aufgerufen, aus sich selbst herauszugehen und an die Ränder zu gehen. Nicht nur an die geografischen Ränder, sondern an die Grenzen der menschlichen Existenz: die des Mysteriums der Sünde, die des Schmerzes, die der Ungerechtigkeit, die der Ignoranz, die der fehlenden religiösen Praxis, die des Denkens, die jeglichen Elends."[1]

---

[1] http://blog.radiovatikan.de/die-kirche-die-sich-um-sich-selber-dreht-theologischer-narzissmus/ vom 27.3.2013

Das ist ein präziser, aber wirksamer Ausdruck des Denkens von Jorge Mario Bergoglio: Die Kirche muss aus ihrer Eigenwelt heraustreten, aus einer selbstzentrierten Sicht ihres Lebens und ihres Einsatzes, um sich denen anzuschließen, die er als die – nicht nur geografischen, sondern auch existenziellen – Randzonen der Gesellschaft bezeichnet. Diese sind die Welt der an den Rand Gedrängten und Verlassenen: der Armen jeglicher Art, die außerhalb der reichen Welt leben.

Hinauszugehen und die Randgebiete aufzusuchen, war in der Großstadt Buenos Aires bereits eine lange Erfahrung des Erzbischofs Bergoglio gewesen, ja in seinem pastoralen Wirken in der Hauptstadt Argentiniens lässt sich bereits eine „Theologie der Stadt" erkennen, wie sie im heutigen Katholizismus ziemlich selten zu finden ist. Das ist eine Sichtweise, in der die Peripherien eine entscheidende Rolle spielen[2], und diese Theologie steht in engem Zusammenhang mit dem Kirchenverständnis, von dem sich Bergoglio als Bischof leiten ließ. So finden sich in dieser ausgereiften Sichtweise des argentinischen Papstes seine eigene Geschichte und Erfahrung, seine theologische Reflexion und seine Sorgen um die Zukunft vereint.[3]

In seiner Wortmeldung vor dem Konklave finden sich zwei Themen, die sich dann im Pontifikat von Franziskus immer wieder finden: dass es für die Kirche notwendig sei, aus sich heraus und zugleich in die „periferie", die

---

[2] Vgl. C. M.Galli, *Dio vive in città. Verso una nuova pastorale urbana* („Gott lebt in der Stadt. Für eine neue Stadt-Pastoral"), Vatikanstadt 2014.

[3] Das habe ich ausführlicher dargelegt in meinem Buch *La sorpresa di papa Francesco. Crisi e futuro della Chiesa*, Mailand 2013.

geografischen und existenziellen Randgebiete zu gehen. Diese Ausrichtung legt er den Christen des 21. Jahrhunderts mit einem programmatischen Text vor, nämlich der „apostolischen Ermahnung" *Evangelii Gaudium*, worin der Papst erklärt: „Alle sind wir aufgefordert, diesen Ruf anzunehmen: hinauszugehen aus der eigenen Bequemlichkeit und den Mut zu haben, alle Randgebiete zu erreichen, die das Licht des Evangeliums brauchen."[4] Das stellt eindeutig einen programmatischen Kern des gesamten Pontifikats von Papst Franziskus dar.

Die Setzung dieses Schwerpunkts hat sich unter anderem auch darauf ausgewirkt, wie er seine Pastoralreisen plante: Franziskus begann mit den Randgebieten und begab sich von da aus ins Zentrum. So ging er auch in Italien vor, dem Land, worin er Papst und Primas ist: Als Erstes besuchte er Lampedusa, also die Insel, auf der die Migranten und Flüchtlinge anlanden, sowie einige kleinere Diözesen, und erst zwei Jahre nach seiner Wahl kam er erstmals in eine Großstadt, nämlich bei seinem Besuch in Neapel. In Europa hielt er das genauso: Im Jahr 2016 hat er immer noch nicht Hauptstädte wie Paris und Madrid besucht, in denen der Katholizismus historisch schon lange verwurzelt ist und auch heute noch großen Einfluss hat, sondern er war erst in Albanien und Sarajewo. Demnächst wird er Irland besuchen, das nach seiner Erschütterung durch die Pädophilie-Krise zum „Randgebiet" der katholischen Kirche geworden ist. In Lateinamerika war er zum Weltjugendtag in Brasilien, weil die Reise dorthin bereits

---

[4] Papst Franziskus, Apostolisches Schreiben *Evangelii Gaudium* vom 24.11.2013, Kap. 1, n.20; https://w2.vatican.va/content/francesco/de/apost_exhortations/documents/papa-francesco_esortazione-ap_20131124_evangelii-gaudium.htm

von Benedikt XVI. geplant gewesen war, aber dann zog er es 2015 vor, diesen Kontinent auf einem Umweg über Ecuador, Bolivien und Paraguay zu betreten, also über lauter Länder, die eher als Peripherien gelten. Hierauf besuchte er im selben Jahr noch Kuba, um von dort aus in die USA zu reisen. Im Jahr 2016 war er in Mexiko, das Papst Johannes Paul II. zu Anfang seines Pontifikats besucht hatte.[5]

Die Peripherien sind ein privilegierter Ort der christlichen Präsenz. Die Randsiedler, also die Armen und an den Rand Gedrängten, sind die vorrangigen Ansprechpartner der Kirche und ihres Handelns. Dabei geht es nicht nur um eine Bevorzugung aus „Nächstenliebe", sondern um eine vorsätzliche historisch-geografische Option, deren Wurzeln weit in die Geschichte des Christentums zurückreichen. Das ist eine Intuition von Papst Franziskus, deren Besonderheit man erfassen muss: Das Christentum muss von den Peripherien her neu erstehen und von dort aus bis ins Zentrum gelangen oder zurückkehren. Der Papst, der aus der Megastadt Buenos Aires kommt (die rund 3 Millionen Einwohner hat sowie weitere 13 Millionen in der sie umgebenden Metropolregion), weiß, in welchem Maß sich das soziale und religiöse Leben in den Randzonen abspielt. Es wäre eine Illusion, anzunehmen, alles Wichtige spiele sich im Zentrum ab, oder sich vorzustellen, dass eine zentrale Ansammlung eine Realität wäre, die von sich aus den Rest beeinflussen würde. Natürlich ist in der Welt der Peripherien die Präsenz der Kirche viel schwächer, wenn man sie mit ihrer

---

[5] Vgl. A. Riccardi, *Giovanni Paolo II. La biografia*, Cimisello Balsamo 2011, 290 f. (deutsch: *Johannes Paul II.: die Biografie*, Würzburg 2012).

institutionellen Verwurzelung in den historischen Zentren vergleicht oder mit den Stadtgebieten, in denen sie bereits über eine lang andauernde pastorale Tradition verfügt. Bergoglio sieht das aber so, dass es sich hier nicht bloß um eine Frage der Kirche, nämlich ihrer Pastoral oder Organisation handle, sondern er ist der Überzeugung – die er immer wieder äußert –, dass sich in der Welt von heute vieles im Grund genommen in den Peripherien abspielt und diese Welten wieder Eingang in den Kern der Geschichte und der Kirche finden müssen.

Neben dieser Überzeugung gibt es eine weitere, alles andere als sekundäre: dass das Christentum eine „Vorzugswahl" für die Randsiedler und die Randgebiete treffen müsse. Das ergibt sich ganz einfach aus dem Evangelium: Die eigentliche historische und geografische Verwirklichung der Kirche besteht darin, dass sie sich in ihrem Handeln von der sogenannten Entscheidung für die Armen leiten lässt.[6] Man könnte geradezu von einer evangelischen Geopolitik des Papstes Bergoglio sprechen oder sozusagen von einer Geotheologie. Dabei handelt es sich nicht um spontane oder pragmatische Einstellungen, sondern um ein Anliegen, das aus dem Leben und der Tie-

---

[6] Das ist im Übrigen das große Thema des Verhältnisses der Kirche zu den Armen, wie es im Zweiten Vatikanischen Konzil erörtert wurde. Vgl. u.a.: Margit Eckholt, *An die Peripherie gehen: in den Spuren des armen Jesus – vom Zweiten Vatikanischen Konzil zu Papst Franziskus*, Ostfildern 2015; Norbert Arntz, *Der Katakombenpakt: für eine dienende und arme Kirche*, Kevelaer 2015; Luigi Bettazzi, *Die Kirche der Armen*, Würzburg 2015; *Die Kirche der Armen und die Globalisierung*, hg. v. Daniel Franklin Pilario, Ostfildern-Ruit 2015; *Eine arme Kirche für die Armen: theologische Bedeutung und praktische Konsequenzen*, hg. v. Jorge Gallegos u. Sanchez/Markus Luber, Regensburg 2015.

fe der Kirche aufbricht. Das Zweite Vatikanische Konzil hat ihm dadurch neue Kraft verliehen, dass es das Thema der Kirche der Armen ins Gespräch brachte. Dazu muss man sagen, dass es sich bei den Armen und Randständigen um ein und dieselbe Gruppe handelt, diese beiden Gruppen sich also decken. Aber man muss beachten, dass der geografische Ausdruck „periferia" („Randzone"), den der Papst dafür gebraucht, sein ganz eigenes Gewicht hat.

Von daher gesehen hat Papst Franziskus den Christen wieder mit Entschiedenheit ans Herz gelegt, sich an den „Peripherien", den „Randzonen" zu orientieren, was heißt, dass sie von den Ärmsten und deren Umgebung ausgehen sollten. Tatsächlich waren ja in der Geschichte des Christentums die Peripherien wichtig. Allerdings haben sich die Realität und die Dichte der Peripherien mit großer Geschwindigkeit gewandelt, zumal in jüngster Zeit. In den Peripherien lässt sich wie mit einem Seismografen der Verlauf der Geschichte messen und man kann dort auch deren Erdbeben wahrnehmen, die das gesellschaftliche Leben von Millionen von Menschen umwälzen. Die Peripherien verändern sich und das ganz schnell. Wie sehen sie heute aus? Was heißt es, sich ihnen wieder zuzuwenden, wie Papst Franziskus das vorschlägt?

Die globale Stadt: neue Szenarien

Mit der Entwicklung der Globalisierung ist das Thema der Peripherien, der „Randzonen", auf die Tagesordnung der Diskussion über die Stadt gekommen. Es geht dabei um das Miteinander verschiedener sozialer Gruppen in den von der globalen Verstädterung geschaffenen neuen

Szenarien. Das klassische Modell der europäischen Stadt, in dem der Marktplatz die Begegnungsstätte und das Herz des städtischen Lebens ist, ist inzwischen in die Krise geraten oder von der Entwicklung der Außenbezirke und dem starken Anwachsen der Stadt überrollt. Es war ein wichtiges und viel bewundertes Modell, das weltweit große Verbreitung fand, aber heute oft bloß noch ein Rest der Vergangenheit ist. Auch in Europa legten sich um die historischen Städte immer neue Gürtel ständig weiter vom Zentrum entfernter Wohnbezirke. Sie veränderten das Sozialgefüge der Städte und führten zu Kommunikationsschwierigkeiten zwischen deren verschiedenen Teilen. Es kam zu einer Schichtung in den Peripherien und einer Veränderung der Stadt, und das auch dort, wo das klassische Modell noch erhalten geblieben war.

Mit der Entwicklung der „neuen" Stadtform insbesondere auf der südlichen Erdhälfte, wo der Großteil der heutigen Megastädte entstand, kam es zu ganz anderen Stadtmodellen. So ist zum Beispiel in Sao Paolo in Brasilien das historische Zentrum mit dem Platz vor der Kathedrale und dem alten Wirtschafts- und Finanzzentrum im Lauf der Weiterentwicklung der Stadt und angesichts der Luxusquartiere und zahlreicher neuer Wohngebiete zur Peripherie geworden: Das Ganze ist jetzt einer von vielen Bestandteilen einer Metropole mit riesigen Ausmaßen.

Das gleiche ist genauso bei der Umwandlung der „alten" europäischen Stadt passiert: Hier ist das historische Zentrum mit seinem Netz von Plätzen und Straßen Schritt für Schritt entleert worden. Das ist zum Beispiel auch in Rom der Fall, das heute jedoch keine Megastadt ist wie viele andere Städte auf der Welt: Das Zentrum, also die historische Stadt, die so reich an Monumenten ist (und wo noch bis vor einem halben Jahrhundert die Wohnbezirke von Reichen und Armen nebeneinander bestanden sowie auch zahlreiche öffentliche Einrichtungen), wurde zum Schauplatz bürokratischer Aktivitäten, zum Markt, zu einer Art Schaufenster für die Touristen.[7] Das hat zu einer zentrifugalen Verschiebung der Außenbezirke geführt, die dadurch immer weniger mit dem Zentrum verknüpft sind oder immer weniger Bezug zu ihm haben. Im Lauf dieses Prozesses der Marginalisierung verwischen sich die gemeinsame Identität der Stadt und der Zusammenhalt ihrer Bevölkerung.

Anders dagegen ist die Entwicklung in Paris, das über ein historisches Zentrum von großem Ausmaß verfügt und noch ganz unterschiedliche Funktionen hat, darunter auch diejenige als Wohngegend. Allerdings ist Paris von einer enormen Peripherie umgeben, der sogenannten *banlieu*, die eine Welt für sich darstellt und zugleich auch traditionelle ländliche Zentren absorbiert hat. Genau innerhalb dieser städtischen Realität hat von 2005 bis 2006 der Aufstand der Jugendlichen in den Peripherien stattgefunden, der gezeigt hat, in wie geringem Maß deren Integration gelungen war, und insbesondere derjenigen nicht französischer Herkunft.[8]

Was ist mit der französischen Gesellschaft passiert, die bis gestern noch über eine so große Fähigkeit zur Integration verfügt hatte? Das hat sich Jean Daniel gefragt, seit mehr als einem halben Jahrhundert ein scharfer Beob-

---

[7]   Vgl. J.-P. Péroncel-Hugoz, *Villes du sud,* Paris 1990; S. Vicari Haddock, *la città contemporanea,* Bologna 2004; M. Weber, *Economia e società: la città,* a cura di W. Nippel, Roma 2003.

[8]   Vgl. *La rivolta delle periferie. Precarietà urbana e protesta giovanile: il caso francese,* a cura di H. Langrange – M. Oberti, Milano 2006.

achter der nationalen Lebensart. Seine Antwort ist: „Alle Integrationsmechanismen sind ausgefallen. Militär am Ende. Kirche nicht mehr stark. Gewerkschaften schwächer. Schule in Schwierigkeiten. Und angesichts all dessen auch noch massive Einwanderungswellen aus Schwarzafrika und dem Maghreb, die nicht so integriert werden konnten, wie das früher der Fall gewesen war …".[9] An der Peripherie sind die Integrationsmechanismen, aber auch ganz einfach die sozialen Mechanismen am Ende, und das nicht nur in Frankreich. Die harte Realität der riesigen Pariser *banlieu* erregte allgemeine Aufmerksamkeit mit der Tatsache, dass in diesem Umfeld eine ganze Anzahl von *foreign fighters* und Terroristen aufgewachsen war. Sind die Peripherien also Inkubationsstätten der Revolte?

Die Welt der Peripherien ist abgelegen und dicht besiedelt und verfügt kaum über gemeinschaftliche Bande (wie etwa politische Parteien, Gewerkschaften, religiöse Gemeinschaften, Vereine usw.) oder Strukturen familiären Zusammenhalts. Wo es aber keine Gemeinschaft gibt, wird auch die Integration schwierig. Integrierend wirkt ja vor allem das soziale Gefüge. Das Problem, das mehrere europäische Länder mit dem sozialen Zusammenhalt haben, stellt sich heute gerade in den Peripherien. Die Politik der Regierungen kommt nicht daran vorbei, diese Realität ins Auge zu fassen, vor allem im Hinblick auf Sicherheitsfragen. So stellen die Peripherien für die gesamte Gesellschaft eine Herausforderung dar und für die nationale Politik der einzelnen Länder einen Ausnahmezustand.

---

[9] J. Daniel, *Ribelli in cerca di una causa. Sommosse nelle periferie francesi*, Milano 2006, 9.

Angesichts der anonymen Randgebiete – wie sie auch in vielen Städten der südlichen Erdhälfte existieren – verlegen sich die wohlhabenderen Schichten darauf, sich eigene Schutzzonen einzurichten, also bewachte und streng kontrollierte Wohnbezirke (*compounds*) oder eingezäunte Siedlungen (*gated communities*). Auf diese Weise schützen sie sich vor der Unsicherheit des städtischen Lebens, der Kriminalität und den mafiösen Netzwerken. Hans Magnus Enzensberger wies 1993, nach dem Ende des Kalten Kriegs, ausdrücklich darauf hin, das Problem vieler Städte besonders im Süden bestehe darin, dass sich dort Zustände eines diffusen „molekularen Bürgerkriegs" ausbreiteten: „In Wirklichkeit ist der Bürgerkrieg längst in die Metropolen eingewandert. Seine Metastasen gehören zum Alltag der großen Städte."[10] Die organisierte und massenhafte Kriminalität wird zu einem Phänomen, das über die traditionellen Maßstäbe hinausgeht: Das ist eine neue Art von Krieg. Heute sieht man das – wie bereits traurigerweise vermerkt wurde – zum Beispiel in Mexiko.[11] Aber das ist auch bei den Jugendlichen in Mittelamerika zu beobachten, insbesondere bei den *maras*, den jugendlichen Mafiosi, die ganze Wohnbezirke von El Salvador und Honduras beherrschen. Enzensberger vermerkte: „Wer nicht flieht, mauert sich ein. Im internationalen Maßstab wird überall an der Befestigung des Limes gearbeitet, der vor den Barbaren schützen soll. In den großen amerikanischen, afrikanischen und asiatischen Städten gibt es längst Bunker der Glückseligen, die von hohen

---

[10] H. M. Enzensberger in *Der Spiegel* 25/1993.

[11] Vgl. D.Osorno, *Z. La guerra dei narcos,* Rom 2013; L. Capuzzi, *Coca rosso sangue. Sulle strade della droga da Tijuana a Gioia Tauro,* Cinisello Balsamo 2013.

stacheldrahtbewehrten Mauern umgeben sind. Manchmal sind es ganze Viertel, die nur mit Sonderausweisen betreten werden können. Schranken, elektronische Kameras und scharf dressierte Hunde kontrollieren den Zugang … Die Privilegierten bezahlen für den Luxus ihrer eigenen Isolierung …"[12]

Wer sich außerhalb dieser geschützten Wohngebiete befindet – ganz gleich, wo sie liegen –, ist für die Welt, die zählt, ein Randsiedler. Oft geraten die historischen Zentren gegenüber den Hauptachsen des städtischen Lebens an den Rand. Am Rand zu liegen bedeutet aber in vielen Fällen, unsicher zu sein. Wer Johannesburg besucht, stößt auf zahlreiche beschützte Wohnbezirke oder (streng bewachte und abgeschlossene) Markt-Bezirke, die mit großen Schnellstraßen untereinander verbunden sind. Die Welt der Randsiedler wohnt außerhalb der Stadt oder im heruntergekommenen Zentrum. Auf diese Weise teilen sich die Städte mit tiefen Einschnitten in Bereiche für Bürger erster Klasse und für Randbürger auf. Die Bürger erster Klasse – so bemerkt der spanische Soziologe Manuel Castells – sind mit der globalen Gemeinschaft vernetzt und verfolgen weit über die Grenzen der Stadt hinaus gehende Interessen. Sie mögen vielleicht – als Bezirke oder Lebensbereiche – vom Leben der Stadt und ihren Mitbürgern abgetrennt sein, sind jedoch in die globale Welt mit einbezogen. Die Bürger an den Rändern dagegen – so fährt der spanische Gelehrte fort – leben in einer territorialen und sozialen Randwelt: „Es gibt zwei getrennte, gegeneinander abgegrenzte Lebenswelten", schließt Castells.[13] Damit

---

[12] H. M. Enzensberger, *Aussichten auf den Bürgerkrieg*, Frankfurt 1993, 56f.

[13] Vgl. Z. Bauman, *Fiducia e paura nella città*, Mailand 2005, 19.

ist die Stadt immer weniger eine Lebensgemeinschaft, die ein gemeinsames Geschick miteinander teilt. Stattdessen wird die Stadt zum konturlosen städtischen Szenario und ist immer weniger eine Gemeinschaft mit einer Geschichte. Und – so muss hinzugefügt werden – die neuen und großen städtischen Zentren verschlucken die ländliche Gegend mit ihren Siedlungen und Funktionen, wodurch ein ganz anderes Verhältnis zwischen Stadt und Land entsteht, als es viele Jahrhunderte hindurch bestanden hatte.

Zu den Wissenschaftlern, die am meisten über die Auswirkung der globalen Welt auf das Leben der Stadt und ihrer Bewohner reflektiert haben, dürfte Zygmunt Bauman gehören. Auch er vermerkt, dass die Stadt ihren Sinn als Schicksalsgemeinschaft verliert. Die Welten der Peripherie nehmen nicht mehr oder jedenfalls immer weniger Anteil an der Identität und dem Geschick der Stadtgemeinschaft. Sie stellen höchstens noch Randgemeinden dar, und zuweilen geschlossene. In Wirklichkeit – so schließt Bauman bitter – „sind die Städte zu Müllabladeplätzen der von der Globalisierung verursachten Probleme geworden.“[14] Und die Peripherien sind das Universum, auf das sich vor allem die Probleme der Globalisierung auswirken: die wahren „Müllabladeplätze" für soziale und menschliche Probleme.

Die Kirche des Südens

Zwischen dem 19. und dem 20. Jahrhundert hat sich das Christentum in der Richtung von Norden nach Süden

---

[14] Vgl. Z. Bauman, *Fiducia e paura nella città,* Mailand 2005, 19 (Deutsch: *Verworfenes Leben: Die Ausgegrenzten der Moderne,* Hamburg 2005).

ausgebreitet. Im Fall der katholischen Kirche verdankt es sein Anwachsen der Mühe der männlichen und weiblichen Missionare, die größtenteils aus europäischen Ländern kamen und sich großherzig in auf die südliche Erdhälfte begaben. Die römische Mission De Propaganda Fide, mit welcher der Heilige Stuhl den Missionseinsatz förderte und vorantrieb, hatte zum großen Teil die Kontrolle über diese Aktivität den „katholischen" Kräften weggenommen, die hingegen nicht nur die Eroberung Amerikas, sondern auch dessen Evangelisierung vorangetrieben hatten. Das Modell der Propaganda Fide war das einer in Rom – im Norden – ansässigen Leitung für die missionarischen Aktivitäten und Kirchen auf der südlichen Erdhälfte. Diese förderte sie mit ihrer Unterstützung und Kanalisierung menschlicher und materieller Energien.

Bereits unter Pius XI. hatte man zwischen den beiden Weltkriegen damit begonnen, auf der südlichen Erdhälfte autochthone Bischofssitze einzurichten. Angefangen hatte man mit dem großen China, das über eine uralte und sehr bedeutende Zivilisation verfügte. Nach dem Zweiten Weltkrieg und im Zug der Entkolonialisierung war diese Bewegung hin zu autochthonen Bischofssitzen unaufhaltsam geworden. Das bedeutete, dass man in peripheren Gebieten ein autochthones bischöfliches „Zentrum" schuf. Aber nicht dies oder nur dies war das Problem. Es ging darum, sich dessen bewusst zu werden, dass die Kirche immer mehr zu einer Kirche der südlichen Erdhälfte wurde, und zwar nicht in ethnischer oder nationalistischer Hinsicht. In Wirklichkeit aber hielt man sich beim Leitungsmodell der Kirche immer noch – zumindest teilweise – an die Achse von Norden nach Süden ausgerichtet.

Bereits 1974 hatte der Missionswissenschaftler Walbert Bühlmann in einem Buch mit dem bezeichnenden Titel *La Terza Chiesa alle porte*[15] vorgeschlagen, die Verhältnisse in der katholischen Welt ganz neu einzuschätzen. Er schrieb: „Diese Dritte Kirche ist nicht vom Himmel gefallen. Es gibt sie als Endprodukt eines historischen Prozesses, der sogenannten Missionsgeschichte, einer zentrifugalen Bewegung, einer Wanderbewegung der Völker in der Kirche, die Teil des Geheimnisses der Kirche selbst ist."[16] Es sei notwendig – so dieser Wissenschaftler –, der Tatsache Rechnung zu tragen, dass die Kirche universal geworden sei, wie sie das in ihrer jahrtausendjährigen Geschichte noch nie gewesen war, und zwar infolge des nicht nur zahlenmäßigen Anwachsens der Kirchen jener Weltregionen, die man als die „Dritte Welt" bezeichne. Die Kirchen der Peripherie traten also energisch in den Gesichtskreis des Katholizismus. Dieses Phänomen ergab sich nicht nur bei den Katholiken, sondern auch in der anglikanischen und evangelischen Welt. Dagegen blieben die orthodoxen Kirchen außerhalb dieses Wachstumsschubs des Christentums im Süden der Welt, da sie sich im Wesentlichen weiterhin auf Osteuropa oder den Mittleren Osten (oder auch auf ihre Diaspora) beschränkten.

In den 1970er Jahren wirkte eine Auffassung wie diejenige von Bühlmann noch als zu fortschrittlich, selbst wenn er damit eine Momentaufnahme der tatsächlichen Situation lieferte. Er blieb vor Polemik – und sogar ungerechter – nicht verschont. Noch war man im Katholizis-

---

[15] Wörtlich: „Die Dritte Kirche steht [schon] vor der Tür". Der deutsche Titel war nüchterner: *Wo der Glaube lebt. Einblicke in die Lage der Weltkirche*, Freiburg i. Br. 1974.

[16] W. Bühlmann, *La terza Chiesa alle porte,* Rom 1974, 23.

mus zu schwerfällig, um die Realität ins Auge zu fassen, dass ein gewaltiger Umbruch im Gang war. Wenn man diese neuen Dimensionen des Katholizismus nüchtern wahrnimmt, heißt das noch lange nicht, dass man einem Mythos der Kirchen des Südens anhängt, so als stellten diese gegenüber den Kirchen des Nordens eine Art von messianischem Volk dar (was in manchen Kreisen vorkam, wenn auch nur zu geringem Teil). Jedenfalls ist diese Realität, die – an den Peripherien entstandene – Christenheit der *Dritten Welt*, objektiv auf Weltebene relevant geworden, da sie über eine eigene Geschichte und ein eigenes Profil verfügt. Als Bühlmann von der „Dritten Kirche" sprach, meinte er damit die Kirchen von Lateinamerika, Afrika und Asien.

Es handelte sich dabei nicht nur um das „Ende der Mission", wie sie konzipiert gewesen war, sondern es stand jetzt an, eine neue Initiative für eine globale Mission des Christentums sowohl im Süden als auch im Norden zu starten. Eine solche hatte Papst Paul VI. bereits bei seinem Besuch in Uganda, dem ersten Besuch eines Papstes in Afrika, den Afrikanern vorgeschlagen: Sie sollten selbst zu Missionaren in ihren eigenen Ländern werden.[17] Heute ist die Vorstellung eines weltweiten Christentums selbstverständlich. Man schätzt, dass die Katholiken in Lateinamerika gute 42 Prozent der Gläubigen weltweit ausmachen. Die aus dem Norden der Welt kommenden Missionare sind im Allgemeinen zahlenmäßig stark geschrumpft, zumal die Episkopate inzwischen so gut wie alle autoch-

---

[17] http://w2.vatican.va/content/paul-vi/it/homilies/1969.index. html

thon sind und zum Gesamtbild der katholischen Kirche ihr ganz eigenes Profil und ihre Persönlichkeit beitragen.

Der amerikanische Religionshistoriker Philip Jenkins spricht in seinem Werk über das Christentum des 21. Jahrhunderts sogar von einer „Dritten Kirche", um damit zum Ausdruck zu bringen, wie sehr das globale Christentum im Begriff ist, immer mehr das Gesicht des Südens anzunehmen (und nicht nur das katholische, sondern auch das protestantische und neoprotestantische). Er schreibt:

> *„Um nur ein Beispiel für diese verblüffende Entdeckung zu bringen: Das Christentum ist zutiefst mit den Armen verbunden. Ganz im Gegensatz zur Klischeevorstellung vom typischen Christen als fetter Katze mit weißem Fell aus den USA oder Westeuropa, ist der typische Christ ein armer Mensch, ja gemessen am westlichen Standard ein unglaublich armer Mensch. Die harte Realität der Armut der Christen tritt noch deutlicher zutage, wenn jetzt Afrika seine Stellung als Hauptzentrum dieser Religion einnimmt."*[18]

Ein Christentum des Südens zeichnet sich nicht nur durch seine geografische Verschiebung aus, sondern häufiger auch dadurch, dass seine Gläubigen eher am Rand der Gesellschaft sind, weil sie in den Peripherien leben. Man denke dabei zum Beispiel an die Megastädte in der südlichen Welt. Jenkins bemerkt, dass „das Christentum sich auf überraschende Weise unter den Armen und Verfolgten ausbreitet, während es unter den Reichen und Wohlhabenden schrumpft."[19] Insgesamt vollzieht sich also zwischen dem 20. und dem 21. Jahrhundert eine Umwand-

---

[18] Ph. Jenkins, *La Terza Chiesa. Il cristianesimo nel XXI secolo,* Rom 2004, 306 f.

[19] Ebd. 313.

lung des Christentums, das zunehmend mehr zur Religion der Peripherien und der in den Peripherien Lebenden wird. Das ist keine Tatsache, die unverzüglich festzustellen ist, weil wir uns an alte und feste Ausdrucksformen des Christentums gewöhnt haben. Man muss deswegen die Wandlungen und Realitäten dieser in den Peripherien verwurzelten Religion in Augenschein nehmen, die sich stark voneinander unterscheiden und zu ganz unterschiedlichen Segmenten der religiösen Lebenswirklichkeit führen. Auf jeden Fall ist sicher, dass die Kirche des 21. Jahrhunderts zu einer eher peripheren Wirklichkeit wird und stärker in armen Lebenswelten vertreten ist. Und man muss sagen, dass diese Peripherien nicht immer gut in die traditionellen Strukturen des offiziellen Christentums eingebettet sind, doch sind sie im Gesamtgefüge der Religion keine Leerstellen, sondern auch sie sind von christlichem Leben erfüllt, wenn auch zuweilen auf etwas ungewöhnliche Weise.

Die Wende von Franziskus

Papst Franziskus, vorher Erzbischof von Buenos Aires, kommt aus einer besonderen südländischen Welt, nämlich Argentinien, das geografisch zum Süden gehört, aber infolge der Herkunft eines Großteils seiner Bevölkerung mit Europa verbunden ist sowie auch infolge der starken Prägung, die Europa der Kultur und dem Charakter der Argentinier verliehen hat. Als Franziskus auf die Peripherien zu sprechen kam, setzte er eine Frage auf die Tagesordnung, die in der christlichen Diskussion bereits ein Thema ist, und zwar nicht erst heute. Sie hat tiefe

Wurzeln im Christentum selbst, das in seiner Geschichte das Thema Zentrum/Peripherien oder Stadt/Peripherien durchaus nicht vernachlässigt hat. Jedoch hat er eine für das Leben der christlichen Gemeinschaft hochaktuelle Aufgabe in den Raum gestellt: Sie sei im Hinblick auf die Zukunft der Kirchen und auch das Zusammenleben der Menschen herausgefordert, ihre Stellung und ihren Bezug zu den Peripherien der Welt ganz neu zu überdenken.

Tatsächlich hat man diese Thematik vor allem im globalen Zeitalter (aber vielleicht sogar schon vorher) lange verdrängt, auch weil die christliche Welt andere Prioritäten setzen wollte: Die Realität, dass es periphere Welten gibt, hatte man weithin vergessen. Viele Gemeinden, Institutionen und katholische Persönlichkeiten hatten sich eher auf die Förderung sozialer und ethischer Werte konzentriert, auf die Ausrichtung der öffentlichen Moral, und dafür stark die Medien genutzt und gesellschaftliche Debatten geführt. Man hatte geglaubt, das soziale Gefüge könne man auf besonders relevante und effiziente Weise beeinflussen, indem man auf das Zentrum einwirke (nicht nur das auf das soziale, sondern auch das politische und dasjenige der Medien). Diese Einstellung entsprach der Vorstellung, dass man in der globalen Welt seitens der Minderheiten öffentliche Auseinandersetzungen und Kulturdebatten führen müsse. Dies schien die Aufgabe des Katholizismus in den Ländern mit alter Tradition zu sein und auch in denjenigen, die erst in jüngerer Zeit evangelisiert worden waren. Das war jedoch eine ungenaue Interpretation eines Vortrags von Kardinal Ratzinger am 1. April 2005 in Subiaco, worin er über „kreative Minderheiten" gesprochen und darauf hingewiesen hatte, dass die Heiligkeit und Kreativität kleiner Gemeinschaften ganze Völker angesteckt und geprägt habe.[20]

Wenn die Kirche als Minderheit Stellung bezog, die „nicht verhandelbare Werte" (wie man das nannte) verteidigte, bedeutete das zwar nicht, dass sie nicht auch in der Breite wirksam gewesen wäre, aber sie konzentrierte dabei ihre Aufmerksamkeit auf das reale und virtuelle Zentrum der Gesellschaft. Es stimmt zwar, dass die christliche Präsenz in den peripheren Welten nie fehlte; aber dennoch ging es bei einer solchen Stellungnahme in erster Linie um eine Festigung des Katholizismus als eng zusammenhaltender Minderheit mit ihren Wertvorstellungen inmitten einer extrem pluralistischen und relativistischen Welt, die ihn zutiefst herausforderte. So kam es zu einer Ausgestaltung des Katholizismus, der bezüglich der Geschichte über innovative Kraft verfügte, wenn er seine traditionellen Aspekte betonte.

In den Augen von Franziskus nimmt die Positionierung der Kirche als „kämpferische Minderheit" dieser einen Großteil ihrer Anziehungskraft. In seinem Vortrag vor den nordamerikanischen Bischöfen (die einer Kirche vorstehen, welche öffentliche und wichtige Kämpfe um nicht verhandelbare Werte ausgetragen hat) brachte er seine Sicht recht gut zum Ausdruck. Der Papst sagte:

„Eine erbitterte und streitbare Sprache der Spaltung ziemt sich nicht für die Lippen eines Hirten, hat kein Heimatrecht in seinem Herzen, und obschon diese für einen Augenblick eine scheinbare Vorherrschaft zu sichern scheint, ist letztlich nur

---

[20] *www.decemsys.de/benedikt/reden/05-04-01.htm*

*der dauerhafte Reiz der Güte und der Liebe wirklich über-
zeugend."*[21]

*„Die harte und kriegerische Rede von Spaltung passt nicht in
den Mund des Hirten. Sie hat in seinem Herzen kein Bürgerrecht, selbst wenn sie für einen Augenblick eine scheinbare
Vorherrschaft zu gewährleisten scheint. Einzig die anhaltende
Faszination der Güte und der Liebe bleibt wirklich überzeu-
gend."*[22]

Papst Franziskus glaubt nicht an die Verwirklichung einer Hegemonie der Kirche über die Gesellschaft, sondern
an die überzeugende Faszination der Güte und der Liebe,
die in der Kirche wohnen. Sollten solche Hegemonien
gelingen, so handelt es sich aus seiner Sicht dann bloß um
die Verwirklichung von zerbrechlichen und scheinbaren
Hegemonien. Deshalb ruft der Papst die Bischöfe und die
Christen dazu auf, sich mehr an die Faszination des Evangeliums und der Barmherzigkeit zu halten als an Kämpfe
um Werte.

In seinem Interview mit Antonio Spadaro in „La Civi-
lità Cattolica" sagt Franziskus: „Wir können nicht immer
bloß auf Fragen bezüglich Abtreibung, der Ehe zwischen
Homosexuellen und des Gebrauchs von Empfängnisver-
hütungsmethoden herumreiten. Das geht nicht. Über
diese Dinge habe ich noch nicht viel geredet und man
hat mich deshalb getadelt. Aber wenn man darüber redet,

---

[21] http://w2.vatican.va/content/francesco/de/speeches/2015/september/
documents/papa-francesco_20150923_usa-vescovi.html

[22] Papst Franziskus, *Incontro con i Vescovi degli Stzati Uniti d'America:
discorso nella cattedrale die San Matteo, Washington, D. C., mercoledi,
23 settembre 2015*, in www.vatican.ca.

muss das in einem bestimmten Kontext sein."[23] Der Papst vermeidet den Ausdruck „nicht verhandelbare Werte" und will die Kirche lieber in Kontakt mit der Realität der Menschen bringen, und zwar selbst mit deren schmerzlichsten und problematischsten Aspekten.

Dabei handelt es sich um die Bereiche, in denen die Menschen von heute leben, also um die Welt der großen Peripherien, der Räume ganz am Rand und in der Abgelegenheit. Das scheint die Botschaft von *Evangelii Gaudium* zu sein, des Manifests des Pontifikats von Bergoglio.

Früher war die Kirche im Zentrum

Dass die Kirche im Zentrum des städtischen Lebens angesiedelt war, also mitten in den alten Gesellschaften Europas, ist eine Realität und die Frucht einer langen Geschichte. Das ist in der Mehrzahl der Zentren festzustellen, in denen vornehmlich die christliche Tradition vorherrscht. Das zeigen die Gebäude wie etwa die Kathedrale, die traditionellerweise in der Mitte des größeren Teils der Stadt mit christlicher Tradition liegt oder die Bischofsresidenz und die zentralen Stellen im Herzen der Stadt, nach der die Diözese benannt ist. So liegt zum Beispiel der Dom im Herzen von Mailand genau an der zentralen Piazza und ist für diese Stadt ganz charakteristisch. In Rom liegt die Kathedrale allerdings nicht im Zentrum – woran Carlo Maria Martini immer wieder erinnert hat –, sondern sie wurde an der Peripherie der römischen

---

[23] A. Spadaro, Interview mit Papst Franziskus in „La Civiltà Cattolica" 3918 (2013), 449–477.

Stadt gebaut. Das war der Bau der Lateranbasilika als Kathedrale der Stadt durch Kaiser Konstantin.[24] Dies geschah jedoch zu der Zeit, als die zentralen Lagen von den heidnischen Tempeln besetzt waren. In der Folge sollte es geschehen, dass die großen Orden wie etwa die Jesuiten imposante Kirchen im Zentrum bauten. Aber abgesehen vom Fall Roms, das im übrigen in seiner Gesamtheit als „heilige Stadt" anerkannt wurde (was 1929 im Konkordat zwischen dem Heiligen Stuhl und dem italienischen Staat bestätigt wurde)[25], nimmt die Kirche normalerweise in der Gesamtanlage der Stadt einen zentralen Platz ein.

Diese Lage im Gesamtbild der Stadt spiegelt die zentrale Bedeutung der Kirche in der christlichen Gesellschaft seit dem Zeitpunkt, der als die „konstantinische Wende" bezeichnet wird (die Historiker diskutieren über die Bedeutung dieser Entscheidung für die christliche Herrschaft, die im Lauf der Jahrhunderte ihre Modalitäten veränderte, aber in der Geschichte anderthalb tausend Jahre lang konstant blieb).[26] Die zentrale Lage der Kathedrale in der Stadt führt mit ihrer Präsenz die vorherrschende Macht der Kirche als regelnder Kraft des sozialen Lebens vor Augen. Die Vorherrschaft des Christentums hat durch Jahrhunderte hindurch die europäische Gesellschaft und Stadt tief und nachhaltig geprägt. Die Kirche hat sich als „Königin der Gesellschaft" verstanden, als religiöser und ethischer Angelpunkt ihres Lebens, und sie taufte die Gesellschaft mit ihrer Autorität und Sichtweise. So stand die

---

[24] Nach einem Gespräch des Verfassers mit Kardinal Martini.

[25] Vgl. A. Riccardi, Roma „città sacra"? Dalla Conciliazione all'operazione Sturzo, Mailand 1979.

[26] Vgl. M.-D. Chenu – M. Pesce, La fine dell'era costantiniana, Brescia 2013.

Kirche viele Jahrhunderte hindurch im Zentrum der offiziell christlichen Gesellschaften.

Als mit der französischen Revolution die zentrale Bedeutung der Kirche zu Ende ging, hatte das vielerlei soziale und religiöse Auswirkungen, die hier gar nicht alle zusammenfassend genannt werden können, denn dieser Einschnitt war ungemein stark. Er führte auch symbolisch zur „Säkularisierung" der Kathedrale von Notre Dame zu Paris, die 1793, nachdem sie verwüstet worden war, zum Tempel der Göttin Vernunft ausgerufen wurde. Bei der Revolution wurde der Katholizismus also aus dem Zentrum von Paris entfernt. Nach dem Ende der Revolutionszeit stellte man zur Zeit der Restauration die zentrale Lage der Gebäude und der christlichen Werte in der Gesellschaft wieder her und versuchte mittels Volksmissionen die am meisten durch den Revolutionsprozess säkularisierten Regionen wieder zurückzuerobern. Aber so sehr man auch religiöse und politische Mittel aufbot, die Zeit der durch und durch katholischen Gesellschaft sollte nicht mehr wiederkehren. Es begann jedoch eine Phase, in der man versuchte, das Christentum auf drastische Weise und nicht immer mit Erfolg an die Ränder der Gesellschaft zu vertreiben.

Zwischen dem 19. und 20. Jahrhundert blieb nach der Erniedrigung durch die französischen Revolution ein Ziel der langfristigen Strategie des Katholizismus die „Restauration", also die Wiederherstellung der zentralen Position der Kirche – auch in öffentlicher und sozialer Hinsicht –, und zwar in vielfältigen Ausprägungen. Insgesamt ging es um die Restauration der christlichen Gesellschaft.[27]

---

[27] Vgl. A. Riccardi, *Intransigenza e modernità. La Chiesa cattolica verso il terzo millennio*, Rom-Bari 1996.

Das blieb die Strategie der Kirche zwischen dem 19. und dem 20. Jahrhundert. Aber die Kathedrale konnte für die kirchliche Hierarchie nicht auf die gleiche Weise im Zentrum der Stadt bleiben, wie das die alten Adelspaläste taten, in denen das öffentliche Leben nicht mehr zuhause ist und die nur noch ein Überbleibsel der Vergangenheit sind. Es war nicht akzeptabel, dass die Kirche nur noch das Denkmal einer vergangenen Geschichte sein sollte.

Restauration bedeutete, der Kirche real und offiziell wieder einen zentralen Ort in der Stadt zu geben, in der Zivilgesellschaft, im „Herzen" des Volkes, und das als Instanz, die mit einem öffentlichen und moralischen Lehramt bestimmte Werte vertreten wollte. Diese langfristige pastorale und kulturelle Strategie führte zu zahlreichen Aktionen, Kämpfen, Zeiten energischen Einsatzes und der Wiedereroberung im Zentrum der Stadt und vor allem im Leben der Gesellschaft. Die Restauration war ein Aufstand gegen die Marginalisierung der Kirche, des Glaubens und der christlichen Tradition in der Gesellschaft mit dem Anspruch, die zentrale Stellung wiederzuerlangen, die traditionellerweise dem Christentum zustehen sollte. Dennoch ließ sich die Restauration der katholischen Gesellschaft nicht mehr auf zufriedenstellende Weise herstellen trotz aller der Kräfte, die sich auf dieses Ziel hin zusammentaten. Hier ging es insbesondere um das sogenannte christliche Europa und seine Städte. Auf dem Land überlebte das Modell der christlichen Gesellschaft um einiges länger.

Die Säkularisierung legte im 20. Jahrhundert sowohl im Bürgertum als auch bei der Arbeiterklasse an Geschwindigkeit zu. So erschien die katholische Restauration immer mehr als ein hoffnungsloses Unterfangen, zumal sich wichtige Sektoren der Gesellschaft dauerhaft vom Glauben und der Praxis des Christentums entfernten. Folglich wurde dieser Zustand zur festen und diffusen sozialen Gewohnheit. Die Kirche, die so viele Jahrhunderte hindurch im Zentrum der Gesellschaft gestanden hatte, wird ihre frühere Position nie mehr zurückerobern können. In der Stadt und im öffentlichen Denken an den Rand gedrängt, beginnt sie jetzt auch in den Randgebieten Verluste zu erleiden. Angesichts dieser letzteren Krise verstärkt sie ihre Präsenz in diesen Sektoren wieder mittels einer vom Zentrum ausgehenden Strategie der „Rückeroberung": Das ist ihre Weise, wieder die Peripherien zu beeinflussen, und dies auch aus der Überzeugung heraus, dass das Zentrum soziale Verhaltensmodelle für alle entwickle.

Eine der Kirche fremde Welt

Ein bekannter und zugleich dramatischer Aspekt des Christentums während des 19. und 20. Jahrhunderts, seit der französischen Revolution und während der Zeit, als ein großer Teil des Katholizismus für die Restauration kämpfte, ist der Bruch zwischen Kirche und den peripheren Welten. Es geht hier insbesondere um die Peripherien der Stadt und die in der Industriegesellschaft weiter am Rand liegenden Gruppen wie etwa das Stadt- und Arbeiterproletariat. Das trat recht deutlich in den industrialisierten Gesellschaften oder im Lauf der Industrialisierung zutage.

In Frankreich richtete 1877 eine Persönlichkeit von besonderer Stärke, die sich öffentlich als „Arbeiter-Senator" ausgezeichnet hatte, nämlich Claude Corbon, einen offenen Brief an Monsignore Dupanloup, einen allgemein bekannten französischen Bischof (mit liberaler katholischer Ausrichtung), der mit seiner Interpretation dazu beigetragen hatte, einige allzu starre Aspekte des *Syllabus* von Pius IX. aufzuweichen und diesen dadurch wenigstens teilweise der französischen öffentlichen Meinung akzeptabel zu machen. Der Text von Corbon trug die Überschrift: *„Warum wir euch verlassen".*[28] Es war die Antwort auf eine Frage, die Monsieur Dupanloup öffentlich gestellt hatte: „Wer kann mir sagen, warum dieses Volk uns verlässt?"

Diese Bitte des Prälaten war Ausdruck der in viele Sektoren des französischen Katholizismus – und nicht nur des französischen – sich einschleichenden Beunruhigung angesichts der Wandlungen in der Gesellschaft und insbesondere des tumultartigen Anwachsens eines Proletariats, das häufig recht kirchenfern war. Frankreich, England, Belgien und Deutschland hatten schon Bekanntschaft mit der industriellen Revolution gemacht, mit der Verstädterung und der Entwicklung der Peripherien. Es war zu den starken Abwanderungen vom Land gekommen, die mit der Entwicklung der zeitgenössischen Gesellschaft einhergegangen waren. Es war ein Fabrikproletariat entstanden, es gab massenhaft Arme. Bei alledem handelte es sich um ein neues Volk mit wirtschaftlichen Schwierigkeiten und unter dem Druck eines harten Lebens, das häufig auch der religiösen Praxis und dem traditionellen christlichen Glauben fern stand.

Paris war die Stadt, worin der „Arbeiter-Senator" Corbon lebte. Es war eine große Hauptstadt, in der sich ein

---

[28] Vgl. F.-A. Isambert, *Cristianesimo e classe operaia*, Bologna 1968, 232–258; A. Corbon, *Pourquoi nous vous délaissons. Lettre de l'ouvrier sénateur Corbon au sénateur évêque Dupanloup*, Paris 1877.

Industrieproletariat herausgebildet hatte. Corbon hatte sich während der Revolution von 1848 und der Pariser Kommune von 1871, der ersten kommunistischen Revolution der Geschichte, als Vorkämpfer einen Namen gemacht. Vor allem die Kommune hatte ausgeprägte antiklerikale Züge, was so weit gegangen war, dass der Erzbischof von Paris, Monsignore Darboy, erschossen wurde. Das zeigte mehr als deutlich die Empfindungen eines Teils der Pariser Bevölkerung, auch wenn einige kirchliche Autoritäten die Gründe dafür den „zerrüttenden" Ideologien zuschrieben. In Wirklichkeit offenbarte sich darin eine starke antiklerikale Strömung.

Stellte sich die Kirche auf die Seite der „Mächtigen" der französischen Gesellschaft? Dass dies der Fall sei, war die diffuse Überzeugung in denjenigen Sektoren der Arbeiterwelt, die ihre Hoffnungen darauf setzten, dass der Sozialismus oder der Kommunismus ihre Befreiung herbeiführen werde. Senator Corbon gab auf die von Bischof Dupanloup gestellte Frage die feierliche Antwort:

„Monsignore, ... wir verlassen Sie heute, weil schon seit Jahrhunderten Sie uns verlassen haben. Wenn ich sage, dass Sie uns verlassen haben, will ich damit nicht sagen, dass Sie uns den ‚Trost der Religion' verweigert hätten, nein: Ihre priesterliche Unparteilichkeit zwang Sie sogar dazu, ihn zu spenden. Ich möchte damit sagen, dass Sie seit Jahrhunderten unser zeitliches Anliegen im Stich gelassen haben. Da dies so ist, üben Sie Ihren Einfluss auch dahingehend aus, unsere soziale Erlösung eher zu verhindern als zu fördern."

Die Kirche hatte sich auf die Seite der Besitzenden gestellt. Deshalb fügte Corbon hinzu: „Der Hass auf die Revolution hat in Ihrer Umgebung die Gottesliebe ausgelöscht. Dessen sind Sie sich nicht bewusst; aber wir sind die Betroffenen und wir warnen Sie ...".[29] Die Antwort von Corbon war streng und er klagte die Kirche an, sich statt auf die Seite des Volkes auf diejenige der wirtschaftlichen und politischen Macht gestellt zu haben. Es war eine Antwort, die der kirchlichen Welt ungerecht vorkam, denn auch in Paris ließen sich in der Welt der Peripherien beträchtliche Anzeichen der Präsenz der katholischen Kirche finden, sowohl karitativer als auch sozialer und pastoraler Art. Aber paradoxerweise sprach Corbon dennoch eine Wahrheit aus: Die Kirche hatte sich nicht auf die Seite dieser Peripherien gestellt.

Corbon, während der Dritten Republik Senator geworden, war 1848 Sozialist und christlicher Utopist gewesen. Damals hatte er von einem großen sozialen Wandel auch im Licht einer christlichen Erneuerung geträumt. Das Jahr 1848 war das „magische" Jahr der Revolution, nicht nur in Frankreich, sondern in ganz Europa. Corbon und andere hatten von einer Begegnung und Allianz zwischen Katholizismus und Arbeitermassen geträumt sowie von einer Verbindung von Katholizismus und Demokratie. Im Klima von 1848 war das als möglich erschienen. Aber im Lauf der Jahre war in Corbon die Überzeugung gereift, dass es zwischen der Kirche und der Arbeiterwelt zu einer echten Scheidung gekommen sei. Er glaubte nicht mehr, dass die Kirche die Partei der arbeitenden Bevölkerung ergreifen und sie in die Befreiung führen könne. Diesen Traum hatte er aufgegeben und er betrachtete fortan die Kirche insgesamt als mit der Wirt-

---

[29] Vgl. F.-A. Isambert, *Cristianesimo e classe operaia*, a.a.O. 241; A. Corbon, *Le secret du peuple de Paris*, Paris 1863.

schaftsmacht und den Kräften der sozialen und politischen Restauration verbündet.

In seinem Buch *Le secret du peuple de Paris* („Das Geheimnis des Volkes von Paris") sprach sich Corbon für diese Distanzierung von der Kirche aus und schlug vor, das Volk solle sich kraft eigener Autonomie erlösen. Seine Befreiung solle nicht von außen, also von der Kirche kommen, sondern die Befreiung solle es sich selbst erkämpfen. Zu diesem Zweck müsse sich die Klasse der Lohnarbeiter selbst organisieren. Von der Kirche habe sie nichts mehr für sich zu erwarten. Diese Vorstellung von der Selbsterlösung der Arbeiter wurde im übrigen mehr als ein Jahrhundert lang von der sozialistischen und kommunistischen Bewegung weiterentwickelt. Die Episode des Wortwechsels zwischen Dupanloup und Corbon illustriert beispielhaft das Drama der Scheidung der Kirche von der Arbeiterwelt, die damals die eigentliche Peripherie der Stadt und Gesellschaft darstellte. Das ist ein großes Problem, das ungelöst vom 19. ins 20. Jahrhundert überging.

Diese Scheidung von Kirche und Arbeiterwelt beschäftigte die Katholiken und Bischöfe über einen langen Zeitraum hindurch, und das vor allem in Europa. Das bringt recht gut der bekannte Ausspruch von Papst Pius XI. zum Ausdruck, dieser Bruch stelle „den größten Skandal des Jahrhunderts" dar. Diese Situation betraf nicht nur Frankreich. Denn im Zug der fortschreitenden Industrialisierung wurde der Zuzug der Massen vom Land in die Stadt und ihre Ansiedlung in deren Außenbezirken in ganz Europa ein lang anhaltendes Phänomen. Aber das galt nicht nur für die Industriestädte, sondern man konnte zum Beispiel auch in Rom in der Mitte des 20. Jahrhunderts feststellen, dass die religiöse Praxis in den Arbeiterquartieren viel niedriger war als in den bürgerlichen Wohngebieten. Die Scheidung der Armen, der Proletarier, der Arbeiter von der Kirche, die zwischen dem 19. und 20. Jahrhundert stattfand, wurde als tiefe Risswunde empfunden. Die Reaktion der Kirche erfolgte wellenartig auf verschiedenen Ebenen. An erster Stelle standen die katholische Restauration (mit allen ihren verschiedenen Ausdrucks- und Verwirklichungsformen) und die Mission in der Welt derer, die in den Randgebieten wohnten.

Papst Franziskus greift das Thema der Peripherien wieder auf und damit auch eine seit langer Zeit bestehende Problematik. Er setzt es auf die Spur des zentralen Anliegens des Zweiten Vatikanischen Konzils: Die heutigen Menschen neu zu evangelisieren, indem man ihre Welt teilt und mit Sympathie ihr Leben begleitet. Dabei ist der Papst keineswegs unsensibel für ethische Werte, aber er betont, dass es zuerst einmal wichtig sei, an die Ränder hinauszugehen und dort das Evangelium zu verkünden. Ein Jesuit aus der Gründungszeit, Pater Jeronimo Nadal, schrieb im 16. Jahrhundert: „Wir sind keine Mönche. Unsere Zelle ist die Welt." Und er fügte eine bezeichnende Formulierung an: „Denn wir sind die Letzten und Geringsten ... Wir suchen einzig den, der verlassen wurde und für den der Vater Ignatius die Missionen eingerichtet hat ..."[30]

Das Thema der Peripherien ist kein „guter" Aspekt der Botschaft der Kirche, sondern er bezeichnet eine grundlegende Neuausrichtung, die sie in der Landschaft der

---

[30] *Pláticas del p. J. Nadal en el Colegio de Coimbra,* Faculdad de teología S. I. 1945, 69.

Menschen unserer Zeit vollziehen will. Es geht hier also eher um einen energischeren strategischen Ansatz als um das Ausstreuen von Liebe und Güte. Folglich handelt es sich hier um eine regelrechte Umstrukturierung des Katholizismus. Er sucht wieder den engen Kontakt zu den Randständigen dieser Welt. Von daher ist das Thema der Peripherien und der in den Peripherien Lebenden für das Christentum von sehr viel grundlegender Bedeutung, als man glaubt oder als gesagt wird. Eine stark doktrinäre – oder ideologische – Lesart hat oft die zentrale Bedeutung dieser Problematik verdeckt, die aber aus der Geschichte und der Geografie des Christentums deutlich herausragt. Es gibt ja einen vitalen Zusammenhang zwischen der Peripherie, den in der Peripherie Lebenden und dem Christentum selbst.

KAPITEL 2
Das Erbe der Peripherie im Christentum

Bibel und Peripherie

In der Bibel sind die Randgebiete von entscheidender
Bedeutung. So schreibt der Alttestamentler Ambrogio
Spreafico, das Land Israel sei im Lauf seiner langen Geschichte „ein großes Randgebiet gewesen, denn es stieg
nie zur Vormacht dieses geografischen Bereichs auf und
blieb praktisch immer abhängig von den Völkern, die in
den angrenzenden Gebieten aufeinander folgten."[31] Die
dominierenden Mächte waren das Land der Pharaonen
Ägypten und das mesopotamische Gebiet zwischen den
beiden großen Flüssen Tigris und Euphrat. Das Land Israel war praktisch ein Durchgangsland, in dem unterschiedliche Mächte einander begegneten und aufeinander
stießen und worin sich die unterschiedlichsten Herr-
schaften entwickelten. So befanden sich die Juden am
Rand der großen politischen Systeme, hielten jedoch zusammen im Glauben an den einen Gott, der es ihnen –
unter anderem – ermöglichte, dass sie ihre Identität nie
verloren, auch wenn sie eine recht mühsame Geschichte
durchmachen und unter dem politischen und kulturellen
Druck von Großmächten leben mussten. Deshalb defi-

---

[31] A. Spreafico, „Le periferie geografiche e umane nella Scrittura",
in: *Carità e globalizzazione,* hg. v. M. Gnavi, Mailand 2014, 85–93.

niert Spreafico das Land Israel als „eine Peripherie in einer großen Welt."

Die Bibel stellt deutlich heraus, wie vor allem der Glaube an den einzigen Gott das Überleben dieses Volkes gewährleistet, das infolge seiner geografischen Lage dazu bestimmt war, Invasionen und Assimilationsprozesse über sich ergehen lassen zu müssen: „Das Zentrum war nicht ein Land, sondern ein Gott der Menschen, die auf ihn hörten und sich für ihn entschieden hatten." Der Glaube Israels war der Glaube eines Lands von Randsiedlern, das „in der Geschichte vom Rand her zu einem dynamischen Zentrum wurde und Neues und viele Veränderungen hervorgebracht hat." Wie wir im Buch Deuteronomium lesen, nennt der Herr den Grund dafür, dass er ein derart randständiges Volk als das Seinige ausgewählt hat:

> *„Nicht weil ihr zahlreicher als die anderen Völker wäret, hat euch der Herr ins Herz geschlossen und ausgewählt; ihr seid das kleinste unter allen Völkern, sondern weil der Herr euch liebt und weil er auf den Schwur achtet, den er euren Vätern geleistet hat …"* (Dtn 7,7–8).

Gott wollte sein Volk aus der Sklaverei erlösen, also gerade zu der Zeit, als es sich im Zustand besonders großer Randständigkeit im riesigen Reich Ägypten befand: „Deshalb hat der Herr euch mit starker Hand herausgeführt und euch aus dem Sklavenhaus freigekauft, aus der Hand des Pharao, des Königs von Ägypten" (Dtn 7,8). Von daher wurde der Auszug aus Ägypten zum Muster, das die ganze Geschichte Israels durchzieht und – immer wieder einmal – in unzähligen Äußerungen über den Befreiungsprozess von Völkern und Gemeinschaften zitiert wird, die sich in der Situation von Randgruppen befinden.[32] Tatsächlich findet ein randständiges und geknechtetes Volk nach seinem langen Weg durch die Wüste am Ende, was ihm versprochen worden war: das Land und die Freiheit. Die Wüste wurde für Israel zur Schule, wie Maimonides in seinem *Führer der Unschlüssigen* hervorhob: Gott „leitet [das Volk] dazu an, unschlüssig in der Wüste umherzuziehen, solange die Geister nicht mutig werden … und solange nicht Junge zur Welt kommen, die nicht mehr an Demütigung und Sklaverei gewöhnt sind."[33]

Der Auszug aus dem Leben als Randsiedler in der ägyptischen Sklaverei bedeutete nicht, dass das Volk unverzüglich im Land der Freiheit angekommen wäre. Dieses Volk von Randsiedlern musste vielmehr noch eine weitere und ganz andere Randzone der Welt kennen lernen, nämlich die Wüste als Ort der Prüfung.

Aber genau wie zur Zeit der Knechtschaft in Ägypten, fand Israel sich auch in der Wüste nicht vergessen, obwohl es klein und ganz außerhalb der großen Geschichte der damaligen Reiche war. Vielmehr gab Gott ihm die Gebote und ein sehr ausführliches Gesetz. Das Entscheidende daran ist, dass ein kleines Randvolk in den Augen Gottes großen Wert hatte und einmalig war, obwohl es von den starken und mächtigen Reichen übersehen und mit Füßen getreten wurde. Es verlor trotz aller seiner Irrtümer und schuldhafter Vergehen nie seine enge Bindung an den Herrn. So schreibt Ambrogio Spreafico:

---

[32] Vgl. *Esodo, un paradigma permanente*, hg. v. B. Van Iersel – A. Weiler, in: *Concilium* 1 (1987); C. Carretto, *In deiner Stadt ist deine Wüste*, Freiburg i. Br. 1978f.

[33] Vgl. M. Walzer, *Esodo e rivoluzione*, Milano 2004, 42. (Deutsch: *Exodus und Revolution*, Frankfurt a.M. 1995).

„Gott wählt ein Randvolk aus, denn von diesem ausgehend lässt sich die Geschichte der Menschheit neu gestalten. Von den Rändern her entsteht eine neue Geschichte und vom Rand her greift Gott ein, um wieder seine Stellung in der Weltgeschichte einzunehmen."[34]

Die Schriften der Bibel, die uns überliefert sind – wenn in diesem Sinn eine Verallgemeinerung zulässig ist –, erreichen ihren Höhepunkt und entfalten sich erst so richtig, wenn sich Israel in Schwierigkeiten befindet, also seiner Freiheit beraubt, an den Rand gedrängt, von seinen Nachbarn mit Füßen getreten, also kurz gesagt, in den internationalen Wechselfällen seiner Zeit auf ein Randvolk reduziert ist. Die Bibel stellt in gewisser Hinsicht eine Randgeschichte von einem Volk am Rand dar, das zum auserwählten Instrument Gottes wird, um der Weltgeschichte eine neue Richtung zu geben. Wenn Israel in die große Geschichte eintritt, sieht man es oft in Situationen der Randständigkeit, des Exils und der Sklaverei. Die große Geschichte, diejenige der Völker, die zählen und ihrer Herrscher, wird von den Propheten – im Widerspruch zur landläufigen Sicht – so verstanden, als entwickle sie sich rund um das kleine Volk herum, das Gott liebt.

Das ist das riesige prophetische Thema bezüglich Jerusalems, dieser so oft erniedrigten und zerstörten Stadt, die zum Licht für alle Völker wird.[35] Es ist eine große

---

[34] A. Spreafico, *Le periferie geografiche* a.a.O. 86.

[35] Aus der umfangreichen Bibliografie über Jerusalem siehe unter anderem F. Cardini, *Gerusalemme. Una storia*, Bologna 2012; A. Contessa, *Gerusalemme promessa e profezia*, Magnano 1994; A. Elon, *Gerusalemme, città di specchi*, Milano 1990.

Hoffnungsvision, besonders in Zeiten, während derer die Augen des Juden auf die traurige Realität der Gegenwart gerichtet bleiben, in der Jerusalem in der Geschichte eine periphere Lage einnimmt. Da sind die Juden aufgerufen, auf Gott zu vertrauen, der von einer anderen Zukunft spricht und bezeugt, sie nicht vergessen zu haben, auch wenn sie tatsächlich in einer Randlage sind.

Die Bibel bringt uns mit den großen historischen Hoffnungsvisionen in Kontakt, die von einem Randvolk ausgehen und genährt werden. Sind das bloße tröstliche Utopien eines am Rand liegenden Volkes? Wenn sie wirklich trösten, zeigen sie auch die historische Kraft, die echter Trost solchen schenkt, die am Rand leben. Auf jeden Fall nähren solche Visionen wie schon in vergangenen Jahrhunderten auch heute noch den Glauben und die Hoffnung unzähliger jüdischer und christlicher Gläubiger. Es sind die Visionen von Menschen eines am Rand lebenden Volkes, die den Glauben hatten, dass die Befreiung nur von Gott kommen könne und von denen Gott verlangte, sie sollten nicht auf ihre mächtigen Nachbarn setzen und sich nicht den Gebräuchen und Visionen von Völkern anpassen, die viel stärker als sie die Geschichte zu bestimmen vermochten. So heißt es am Schluss des Jesaja-Buchs:

„ … die Herrlichkeit des Herrn geht leuchtend auf über dir.
Denn siehe, Finsternis bedeckt die Erde und Dunkel die Völker,
doch über dir geht leuchtend der Herr auf,
seine Herrlichkeit erscheint über dir.
Völker wandern zu deinem Licht
und Könige zu deinem strahlenden Glanz" (Jes 60,1–3).

Der Dialekt von Galiläa

In der Leidensgeschichte Jesu heißt es, Petrus sei draußen im Hof des Hohenpriesters gesessen. Da hätten sich einige Leute an ihn gewandt und zu ihm gesagt: „Auch du gehörst zu ihnen, deine Mundart verrät dich." Petrus aber habe zu fluchen angefangen und geschworen: „Ich kenne den Menschen nicht!" (Mt 26,73 f.). Es ist bezeichnend, dass man ihn auch an seinem galiläischen Dialekt als Jünger Jesu erkannte. Der Dialekt ist nicht nur der Überrest einer vergangenen Geschichte, sondern er wird zum Merkmal eines Menschen, und oft sogar für immer. Der Dialekt verrät die Spuren der Umgebung, aus der er kommt, und man wird ihn nie mehr ganz los, sogar wenn man weit fort von seiner Herkunftsgegend lebt. Der Dialekt ist das Merkmal dessen, was man im Deutschen als „Heimat" bezeichnet, in der man zur Welt gekommen und aufgewachsen ist. Petrus hatte einen galiläischen Zungenschlag: Er war ein Mensch aus der Provinz, der Peripherie.

Die Apostel waren Galiläer, wie das auch Jesus war. Vor etlichen Jahren machte der Waldenser-Pastor Valdo Vinay eindrucksvoll darauf aufmerksam, dass Galiläa zur Zeit Jesu nicht nur ein Durchgangsland gewesen sei, in dem sich viele Wege kreuzten, sondern auch eine Peripherie von Israel, die unter der römischen Herrschaft völlig am Rand lag.[36] Das Land Galiläa stellte zudem eine Wegkreuzung vieler ethnischer Gruppen dar (es gab das jüdische Galiläa, das hellenistische und daneben noch verschiedene andere ethnische Ausprägungen), war aber auch Um-

---

[36] Vgl. V. Vinay, *Commenti ai Vangeli*, Brescia 1992.

schlagplatz politischer und wirtschaftlicher Vorstellungen. Es war also insgesamt, obwohl am Rand gelegen, ein ganz besonderes Land. Homogen war es ganz bestimmt nicht.

Die Botschaft Jesu geht genau genommen von einer Peripherie aus. Er selbst wird als einer vom Rand bezeichnet, wie auch seine ersten Freunde. Wenn – wie Jesus sagt – das Heil von den Juden kommt, so kommt also das Heil des Evangeliums von einer Peripherie der jüdischen Welt. So wird also Petrus zur Zeit der Verhaftung Jesu am Dialekt seines Landes erkannt, obwohl er sich als Begleiter seines Meisters in Jerusalem aufhält. Die ersten Jünger waren alle Menschen aus der Peripherie, die mit ihrem Meister in die Hauptstadt Israels gekommen waren.

Doch in den Evangelien wird die Peripherie, also Galiläa, für die Predigt Jesu zum Zentrum. Dort entfaltet er sein öffentliches Leben. Der Meister aus Galiläa durchstreift als Wanderprophet sein Gebiet intensiv von einem Ende zum andern, hat keine feste Bleibe und ist den in diesem Land wohnenden Menschen nahe, deren unsichere Lebensumstände er kennt, denn sie sind wie Schafe ohne Hirten (Mt 9,36). Er bleibt dann dort bis zum Ende seines Lebens, sogar noch in den letzten Tagen, und ist immer voller Aufmerksamkeit für die Menschen, die am Rand und als Ausgegrenzte leben.

So wie es die Evangelien von Matthäus und Markus schildern, beginnt die Verkündigung des Evangeliums, wie sie Jesus betreibt, regelrecht von den Randgebieten aus. Das ist geradezu das ihre Erzählung beherrschende Grundschema. Der Ansatz von Lukas ist dagegen anders und ausführlicher: Die Mission Jesu und seiner Jünger nach ihm geht von Galiläa aus, kommt nach Jerusalem und durchläuft die Welt, bis sie nach Rom gelangt, die

Weltstadt und Hauptstadt des Reiches, wie das in der Apostelgeschichte beschrieben wird. Aber in allen drei Evangelien ist trotz ihrer verschiedenen Blickwinkel der Ausgangspunkt Galiläa, eine vielgestaltige Peripherie, ein Land der Völkerbegegnung, das von Straßen und Märkten durchzogen und von Menschen verschiedener Herkunft bewohnt ist.

Für das Empfinden der Juden war Galiläa ein viel zu gemischtes Land, denn sie legten großen Wert auf die Reinheit ihrer Identität. Zudem gab es ein verbreitetes Vorurteil gegen das galiläische Städtchen Nazaret, aus dem Jesus stammte (das in Wirklichkeit ein unbedeutendes Zentrum war). Als der Apostel Philippus Natanaël erzählte, er habe denjenigen gefunden, von dem Mose und die Propheten gesprochen hätten, konnte dieser deswegen verächtlich sagen: „Aus Nazaret? Kann von dort etwas Gutes kommen?" (Joh 1,45–46). Kann denn wirklich aus einem Städtchen wie Nazaret und einem Randgebiet wie Galiläa etwas Gutes kommen? Das ist im Evangelium eine wichtige Frage.

Jesus war ein „randständiger Jude", wie es der große Gelehrte John P. Meier formulierte. Er machte das zum Titel seines Buchs.[37] Man könnte vielleicht sagen: Im Gegensatz zu Rom, der Weltstadt, ist Jesus ein Mensch vom Rand, genau wie auch sein Evangelium vom Rand her kommt; er ist vom jüdischen Rand her geprägt, worin er seine ersten Schritte gegangen ist. Aber Galiläa blieb für die anwachsende Gemeinde von entscheidender Bedeutung, selbst wenn Jesus schließlich mit den Seinen nach Jerusalem hinauf-

---

[37] J. P. Meier, *Un ebreo marginale. Ripensare il Gesù storico*, Brescia 2006.

gegangen war und sich dort die letzten dramatischen Tage vor seinem Tod abgespielt hatten. Im Markusevangelium ist dann auch tatsächlich der erste Treffpunkt, den der Auferstandene seinen Jüngern durch die Frauen ausrichten lässt, die ihn als Lebenden wiedergetroffen hatten, Galiläa: „Nun aber geht und sagt seinen Jüngern, vor allem Petrus: Er geht euch voraus nach Galiläa; dort werdet ihr ihn sehen, wie er euch gesagt hat" (Mk 16,7). Das Gleiche wird zu den Frauen auch im Matthäusevangelium gesagt: „Geht schnell zu seinen Jüngern und sagt ihnen: Er ist von den Toten auferstanden. Er geht euch voraus nach Galiläa; dort werdet ihr ihn sehen" (Mt 28,7). Jesus geht seinen Jüngern also ausdrücklich nach Galiläa voraus, also in das Gebiet, wo ihr Bündnis entstanden ist und wo es vermutlich eine Gruppe von Anhängern der Predigt des Meisters gab.

Im Lukasevangelium dagegen ereignen sich alle Erscheinungen des Auferstandenen in Jerusalem, während im Johannesevangelium wiederum der Ort, an dem der auferstandene Jesus einigen Jüngern begegnet, darunter Petrus und Johannes, der See von Tiberias in Galiläa ist. Von daher gesehen stimmt das Johannesevangelium mit den Evangelien von Matthäus und Markus darin überein, dass dieses Randgebiet ganz besonders wichtig ist, und das auch deshalb, weil in Galiläa mit der Berufung der Jünger und der Begebenheit auf der Hochzeit von Kana alles angefangen hatte.

In der Botschaft Jesu tritt also der Charakter Galiläas als Randgebiet deutlich zutage. Die um ihn gescharte Gemeinde ist von diesem Gebiet geprägt: Dieser Landesteil bleibt auch noch nach seinem Tod für die Jünger ganz wichtig. Man muss dem auferstandenen Jesus – zumindest nach der Botschaft von Markus, Matthäus und Johannes –

ausgerechnet im Randgebiet Galiläa begegnen. Was sich da in der Geschichte Israels ereignet hatte, wiederholt sich dann auch im neuen messianischen Volk und natürlich auf ganz verschiedene Weisen: Gott tritt in die Geschichte der Völker auf dem Weg einer vom Rand her kommenden Botschaft ein. Diese Botschaft wurde zuerst einmal von einer Randgruppe gelebt und weiter gegeben, die den Dialekt von Galiläa sprach. Gott selbst machte sich – im Leben Jesu von Nazaret – zum Randsiedler, so dass die Frage aufkam, ob denn von Nazaret etwas Gutes kommen könne.

Das Evangelium setzt also in der Peripherie an, um Israel und die Welt zu umfangen: Das ist das Erzählschema, das die Schilderung von Lukas beherrscht. Sie ist konzipiert als Aufstiegsweg von Galiläa nach Jerusalem, dem Ort des Todes und der Auferstehung Jesu. Auch die Geschichte des ersten Wegs des Evangeliums über Israel hinaus mittels der Verkündigung durch die Apostel und Paulus entfaltet sich nach der Erzählung der Apostelgeschichte von der Peripherie her – in diesem Fall ist das Jerusalem, wo sich die galiläischen Apostel zum Pfingstfest versammelt hatten – und nimmt dann einen komplizierten Weg bis nach Rom. Auch das ist ein Weg von der Peripherie ins Zentrum des römischen Reiches. In der Apostelgeschichte bricht diese Geschichte sogar mit der Ankunft des Apostels Paulus in Rom ab.

Bereits ab der ersten Predigt des Petrus zu Pfingsten in Jerusalem macht die kleine Gemeinschaft die Erfahrung einer ganz anderen, weiteren Welt, die verschiedene Sprachen spricht und aus unterschiedlichen Nationen kommt. Die Beschreibung der Völker, die am Pfingstfest die Worte der Apostel vernehmen, stellt sozusagen einen Atlas all der

Weltgegenden dar, die vom Evangelium berührt werden sollten. Als Petrus und die Apostel an Pfingsten vor den Leuten in Jerusalem predigten, war die Weltmission erst noch ein Traum von randständigen Galiläern, die derart stark vom Heiligen Geist ergriffen waren, dass sie wie betrunken und von Sinnen wirkten. Das Pfingstwunder bekräftigte das Bestreben dieser Randsiedler und die *parrhesia* ihrer Predigt als Galiläer an eine viel größere Welt, als es die ihrige war.[38]

Die Kirche der ersten Generation schämte sich nicht der Redeweise von Petrus, auch wenn die Kraft seiner Predigt dann von einer Fülle von anderen Ausdrucksweisen angereichert wurde. Darunter war die Ausnahmegestalt des Paulus, der dem Namen und Bürgerrecht nach Römer und in drei Welten und Kulturen bewandert war, nämlich der jüdischen, griechischen und römischen, und – wie auch viele andere in der jüdischen Elite – polyglott war, also viele unterschiedliche Sprachen und Alphabete beherrschte. Paulus, ein Sohn der Mittelmeerwelt, verfügte über das Genie, die Botschaft des Evangeliums in ganz unterschiedliche Sprachen und Kulturen übersetzen zu können.[39] Aber diese Generation verlor nicht den Kontakt mit dem galiläischen Ursprung. Das Martyrium des Petrus in Rom zeigt, wie ein Mensch aus der Peripherie und ohne internationale Erfahrung es fertig brachte, die Härte und Komplexität der Hauptstadt der Welt mit der „Torheit" der Verkündigung herauszufordern.

Wenn man diese beiden Apostel nebeneinander stellt und des Martyriums beider in Rom gedenkt, ergänzt die

---

[38] Vgl. G. Scarpat, *Parrhesia greca, parrhesia cristiana*, Brescia 2001.

[39] Vgl. A. Riccardi, *Paolo uomo dell'incontro*, Milano 2008; P. Rossano, *Sulle strade di Paolo*, Fossano 1992.

Gestalt des Galiläers Petrus diejenige des kosmopolitischen Juden Paulus. Der Meister kam vom Rand her, genau wie sein erster Apostel, der laut der Tradition in der großen Hauptstadt des Reiches als Märtyrer starb. Jesus hatte in der Auseinandersetzung mit den Samaritern bestätigt, dass das Heil von den Juden komme. So könnte man sagen, dass im Evangelium das Heilswort vor allem anderen von Randgestalten gepredigt wird, nämlich von Galiläern und aus dem Land Israel, das Rom unterworfen war.

Arme, Randgestalten und die Peripherie

Im Evangelium ist die Bindung an die Peripherie nicht von der nostalgischen Art wie diejenige an die eigene „Heimat", sondern sie besteht aus einer anhaltenden Beziehung zu den Menschen am Rand in jedem beliebigen Dorf und jeder Stadt, wohin Jesus geht, um sein Wort zu verkünden. Tatsächlich ist der Begriff der „Peripherie", also des Randgebiets, nicht nur politisch oder ethnisch oder geografisch zu verstehen, sondern die Peripherie ist das Land der Menschen am Rand, der Verlassenen, die jedoch für Gott durchaus keine Verlassenen sind, denn er hat sie nicht vergessen. Deswegen begleiten die Randgestalten und die Peripherien als ständige Realität die Predigt des Evangeliums durch Jesus und seine Jünger. Diesen Menschen am Rand wendet sich deren Aufmerksamkeit und Sorge zu und sie stellen sie in den Mittelpunkt ihres Handelns. Im übrigen erschallt schon seit dem *Magnificat* von Maria die frohe Botschaft, dass Gott die Reichen leer ausgehen lässt und die Niedrigen und Kleinen erhöht (vgl. Lk 1,52).

Dieser grundlegende Charakterzug des Evangeliums hat starke Kritik am christlichen Glauben geweckt: Er sei eine Religion der Verlierer und Armen. Es ist eine bekannte und bezeichnende Tatsache, dass Friedrich Nietzsche daran Anstoß genommen hat:

„*Das Christenthum hat die Partei alles Schwachen, Niedrigen, Mißrathnen genommen, es hat ein Ideal aus dem Widerspruch gegen die Erhaltungs-Instinkte des starken Lebens gemacht; es hat die Vernunft selbst der geistig stärksten Naturen verdorben …*" *Und er fügte hinzu:* „*Jene seltsame und kranke Welt, in die uns die Evangelien einführen – eine Welt, wie aus einem russischen Romane, in der sich Auswurf der Gesellschaft, Nervenleiden und ‚kindliches' Idiotenthum ein Stelldichein zu geben scheinen – muss unter allen Umständen den Typus vergröbert haben.*"[40]

Tatsächlich hat sich Jesus ganz mit den Menschen am Rand identifiziert. Der Umstand, dass er sich in sie hineinversetzt hat, zeigt sich ganz deutlich im Gleichnis vom Endgericht in Kapitel 25 des Matthäusevangeliums: „ich war hungrig", „ich war durstig", „ich war fremd und obdachlos", „nackt", „krank", „im Gefängnis". Also ist Jesus der Hungrige, Durstige, Fremde und Obdachlose, Nackte, Kranke und Gefangene. Aber wann haben wir dich in dieser deiner Situation als Randgestalt gesehen?, so fragen ihn seine Zuhörer. Jesus gibt zur Antwort: „Was ihr für einen meiner geringsten Brüder getan habt, das habt ihr mir getan" (Mt 25,31–40).

---

[40] Friedrich Nietzsche, *Der Antichrist: Versuch einer Kritik des Christentums*, Kap. 2 n. 5 u. Kap. 5 n. 31.

Die Armen sind die Randsiedler des Lebens. Und Jesus identifiziert sich mit ihnen wie sonst mit keinem anderen Menschen. Das ist in den Evangelien eine ungewöhnliche Tatsache, die Aufmerksamkeit verdient und das dauerhafte Band zwischen den Christen und den Menschen am Rand ausmacht. Eine ähnliche Gleichsetzung findet sich nur noch mit demjenigen, der um des Evangeliums willen verfolgt wird („Saul, Saul, warum verfolgst du mich?" – so vernimmt der Apostel auf dem Weg nach Damaskus die Stimme Jesu selbst[41]). Das ist eine Aussage des Evangeliums von großem Realismus und voller Klarheit, die Johannes Chrysostomus mit einer unvergleichlichen Kraft als zentralen Punkt seiner Predigt weiterentwickelt hat, während die anderen Kirchenväter das nicht immer so deutlich herausgestellt haben. Tatsächlich sagt Chrysostomus an der Stelle, wo er die Erzählung von den drei Magiern im Matthäusevangelium kommentiert:

„Wenn diese einen so weiten Weg zurückgelegt haben, um das Kind zu sehen, wie könntest dann du es rechtfertigen, dass du es nicht einmal in einem Dorf besuchen gehst, wenn es krank und eingesperrt ist? Wo wir doch Mitleid mit den Kranken, denen im Gefängnis und sogar unseren Feinden haben, hast du es da nicht einmal mit deinem Wohltäter und Herrn? ... Diese bringen Gold zum Geschenk; du dagegen hast nicht einmal ein Stück Brot gebracht. Diese sahen den Stern und freuten sich, aber du siehst sogar Christus selbst als Fremdling und Nackten und beugst dich nicht zu ihm hinab."[42]

---

[41] Apg 9,4. Vgl. J. Ratzinger, *La fraternità cristiana,* Rom 1960, 48 f. (Deutsch: *Die christliche Brüderlichkeit,* München 1960).

[42] Johannes Chrysostomus, *Homilien zum Matthäusevangelium* Bd.1, Rom 2003, 151.

Jesus ist in demjenigen, der krank ist und im Gefängnis; er ist im Armen. Das ist der Glaube der Kirchenväter. Johannes Chysostomus kommt mehrmals auf dieses Thema zurück. In seinem Kommentar zum Johannesevangelium lässt er Christus selbst zu Wort kommen:

„Lass dich wenigstens angesichts meiner Verfassung rühren, wenn du mich nackt siehst, und erinnere dich an meine Nacktheit am Kreuz, die ich deinetwegen erlitt. Willst du das nicht tun, so halte dir die Nacktheit vor Augen, die ich in der Person der Armen leide. Dereinst habe ich die Armut deinetwegen erlitten, aber auch jetzt erleide ich sie um deinetwillen, damit du dich rühren lässt, sei es von dieser oder von jener Armut, und ein wenig barmherzig sein willst.“[43]

Aus diesen Worten spürt man sehr deutlich den Realismus des Evangeliums heraus, mit dem Jesus im Armen lebt und gegenwärtig ist. Der Arme und der Mensch am Rand sind Christus selbst, und damit das Zeichen seines Daseins ganz nah bei uns. Chrysostomus sagt:

„Aber du isst, bis es nicht mehr geht, Christus dagegen isst kaum so viel, wie notwendig ist; du hast verschiedene Gerichte, er hat nicht einmal trockenes Brot … Du hast ihm, obwohl er durstig war, nicht einmal ein Glas frischen Wassers gegeben; du schläfst auf einem weichen und geschmückten Bett, er dagegen vergeht vor Kälte … Lass Christus an deinem Tisch Platz nehmen. Teile mit ihm Salz und Tisch, dann wird er beim Gericht mit dir mild verfahren … Übersieh, dass der Arme verschmutzt und verschwitzt zu dir kommt, sondern denk daran, dass Christus durch ihn in dein Haus tritt und unterlass es,

---

[43] S. Zincone, *Ricchezza e povertà nelle omelie di Giovanni Crisostomo*, L'Aquila 1973, 91.

grob zu sein und herbe Worte zu äußern, mit denen du immer
diejenigen tadelst, die sich an dich wenden ..."[44]

Der orthodoxe Theologe Olivier Clément, ein großer
Meister der Menschlichkeit und evangelischen Weisheit,
wies darauf hin, dass es in diesem Traditionsstrang der
Kirchenväter ein „Sakrament des Armen" gebe. Das ist
die Theologie von Chrysostomus: „Der Arme verkörpert
Christus." Im Armen wird Christus selbst zum Randsiedler, zum Bettler und Gefangenen. In der Gestalt solcher
Menschen und ihren Bitten kommt er zu uns. Jesus lebt
ständig in den Menschen am Rand und in den Armen,
so dass er sich durch sie den Christen zeigt. Aus diesem
Grund sind die Häuser, die Körper und der Boden der am
Rand Lebenden in gewisser Hinsicht der Ort, an dem der
Meister aus Nazaret immer noch lebt. Im übrigen ist er
außerhalb von Betlehem geboren, weil in der Herberge
für ihn kein Platz war: Das Bild der Armut von Weih-
nachten erinnert immer an die Niedrigkeit der Menschen
am Rand.

Auch als die Apostel – Randgestalten aus Galiläa –
während der Passion Jesu aus Angst flohen, wurde das
Kreuz des Herrn einem Mann auf die Schultern geladen,
der gerade vom Land außerhalb von Jerusalem daherkam:
„Einen Mann, der gerade vom Feld kam, Simon von Zy-
rene, den Vater des Alexander und des Rufus, zwangen
sie, sein Kreuz zu tragen" (Mk 15,21). Dieser Mensch vom
Rand, der vom Land kam, musste das Kreuz Jesu ein ganzes Stück Weges tragen. Er ist der einzige, der das tun
musste. Die Bürger durften zu einer solchen schweren und

---

[44] Giovanni Crisostomo, *Omelie sul Vangelo di Matteo,* vol. 2, Roma
2003, 328–330.

erniedrigenden Aufgabe nicht gezwungen werden. Der Name des Simon musste in der Gemeinde von Markus bekannt sein, denn der Evangelist nennt einige Einzelheiten über seine Person, und so bleibt sein Name in die Passionserzählung eingeschrieben.

Bei den Christen müssen die Armen und am Rand Lebenden eine besondere Stellung im Leben der Gläubigen und in der Gemeinde haben. Man muss ihnen Raum geben und sie anhören. So lehrte Bischof Ambrosius von Mailand:

> *„Vor der Tür deines Hauses schreit, der keine Kleider hat, um sich zu bedecken und du verachtest ihn. Da fleht der Nackte, du dagegen zerbrichst dir den Kopf darüber, mit welchem kostbarem Marmor du deinen Fußboden bedecken sollst. Der Arme erbittet von dir ein wenig Geld und du gibst es ihm nicht; er möchte von dir ein Stück Brot und du behandelst dein Pferd besser als ihn ... Das Volk hungert und du überfüllst deine Speicher ... Unseliger, du hast das Schicksal zahlreicher Menschen in der Hand: Du könntest sie vor dem Tod bewahren, aber du hast nicht den Willen dazu."*[45]

Ambrosius sagt, im Lauf der Geschichte hätten die Christen schon oft die Armen an den Rand ihrer Gemeinschaft geschoben und seien deswegen „unselig" geworden. Die „Unseligkeit" des Lebens der Christen und auch der Kirche selbst rührt daher, dass sie fern von den Armen sind und auf Distanz zu deren Umgebung bleiben. Die großen Kirchenväter wie Ambrosius, Gregor der Große und Johannes Chrysostomus haben ständig dazu aufge-

---

[45] Ambrosius von Mailand, *De Nabuthae historia*, hg. v. S. Palumbo, Bari 2012, 81.

rufen, die Menschen vom Rand in den Mittelpunkt des Lebens der Christen und der Kirche zu stellen, denn sie sahen Jesus besonders im Armen, und zwar als Sakrament seiner Gegenwart.

Es ist also wichtig, auf die Armen zu hören und sich aufmerksam den Peripherien des Lebens zuzuwenden. Tatsächlich ist ja die Peripherie nicht nur eine städtische oder geografische Realität, sondern zugleich auch eine soziale und humane Wirklichkeit. Der Mensch am Rand ist der aus der Mitte der Gesellschaft Ausgeschlossene, während diese über Macht, Reichtum und Wohlstand verfügt. Wenn man Jesus sucht, findet man ihn unter den Menschen am Rand, in den Randzonen: das ist die Botschaft des Evangeliums.

Die Betonung des Zentrums

Dennoch muss man unvermeidlich wahrnehmen, dass diese „Theologie" der Menschen am Rand und der Randgebiete (sowie auch die davon inspirierte Praxis) in der Kirche recht „randständig" geblieben ist – man verzeihe diese streitbare Formulierung. Dazu wäre auf die „konstantinische Wende" hinzuweisen, infolge derer – durch verschiedene Phasen hindurch – das Christentum zur offiziellen Religion des römischen Reiches erhoben wurde. Rom, das antike Zentrum des Reiches, und Konstantinopel, das Neue Rom, die Hauptstadt, die der Kaiser im Osten geschaffen hatte, wurden beide zu christlichen Städten und heiligen Zentren der Christenheit. Es lässt sich mit Recht sagen, dass das Christentum diese beiden Städte zutiefst geprägt hat, die eine mit ihrer langen Geschichte schon weit vor dem Christentum, und die andere, die nach dem Willen des Kaisers neu geschaffen wurde.

Die Herrschaft des Christentums, die mit großer Klarheit Pater Chénu beschrieben hat, prägte einen Gesellschaftstyp aus, in dem das durch und durch christliche Zentrum in die geografischen Peripherien hinaus ausstrahlte.[46] Das war einerseits die Rolle Roms, der heiligen Stadt der Christenheit, aber andererseits auch des Neuen Roms, Konstantinopel, zumindest bis zu seiner Eroberung durch die Osmanen. Im übrigen hat der Mythos Roms die Dekadenz des ersten Roms und die Eroberung Konstantinopels durch die Muslime überlebt und auf die neue christliche Hauptstadt Russlands, Moskau, als „Drittes Rom" abgefärbt.[47] Die christliche Stadt par excellence ist eine Realität und ein Symbol der Herrschaft des Christentums, welches mit seinem Einfluss die Schwankungen des sozialen Lebens durchdringt und bestimmt, ihm seine Rhythmen vorgibt, seine Bräuche gestaltet und seine politische Macht absegnet.

Lässt sich angesichts dieser langen „christlichen" Geschichte davon sprechen, dass die am Rand Lebenden und die Randgebiete randständig gewesen seien? Zweifellos lässt sich nicht sagen, dass es am Rand Lebende nicht gegeben habe, denn das zeigt der Dienst an den Armen, diese Diakonie, welche die Kirchen durch die verschiedenen historischen Stadien hindurch mit mehr oder weniger großem Engagement ausgeübt haben. Platz für die Nächstenliebe und charismatische Initiativen gab es in den christlichen Gemeinden immer, und auch die Peri-

---

[46] Vgl. M.-D. Chenu – M. Pesce, *La fine dell'era costantiniana*, a.a.O.

[47] Vgl. A. Ferrari, *La Terza Roma*, Parma 1986; siehe auch M. Agursky, *La Terza Roma*, Bologna 1989.

pherien wurden nie ganz vergessen, wie man deutlich an den Missionsbemühungen und Evangelisationswellen sieht, die zeigen, wie sich das „Zentrum" nie in sich abgekapselt hat, sondern die Notwendigkeit empfunden hat, in der Mission weit über die eigenen geografischen und kulturellen Grenzen hinauszugehen. In dieser Linie wäre an viele Ereignisse zu erinnern: an Geschichten von charismatischen Initiativen, christlichen Gemeinschaften und Institutionen, Ordensmännern und Ordensfrauen.[48]

Aber dennoch kam es über einen langen Zeitraum zu einer tendenziellen Scheidung zwischen der Kirche und denen am Rand. Man könnte sagen, dass der Platz, den die Peripherien und die Menschen am Rand in der Kirchengeschichte jeweils einnahmen, immer im proportionalen Verhältnis dazu stand, in welchem Maß die Kirche zur jeweiligen Zeit wirklich vom Evangelium geprägt war. Von Zeit zu Zeit entdeckten vom Glauben erfüllte Männer und Frauen immer wieder neu das Leid der Armen und holten dieses ins Herz der Kirche zurück, indem sie sich ganz persönlich und konkret der Bedürftigen annahmen oder dies über irgendwelche Einrichtungen taten. Aber welche Berücksichtigung fand der Arme in der Spiritualität, im praktischen Leben und in der Theologie der Kirche? War es nur ein verdienstliches Werk, sich aktiv um die Randgruppen des Lebens zu kümmern?

Laut Olivier Clément gilt zumindest für die letzten beiden Jahrhunderte in Europa, dass das tatsächliche Drama in der Scheidung zwischen dem Sakrament des Altars und dem Sakrament des Armen bestand, des Armen, dessen Hoffnung enttäuscht blieb oder nicht wahrgenommen

---

[48] Vgl. L. Mezzadri – L. Nuovo, *Storia della carità*, Mailand 1999.

wurde. Diese Scheidung führte zur Geburt der aufbrechenden sozialistischen Bewegung und zu einem Kampf um Gerechtigkeit, was beides als radikale Alternative zum Christentum aufbrach. So kam es dazu, dass diejenigen, welche sich vehement für das Sakrament des Bruders einsetzten, für das Sakrament der Eucharistie nichts mehr übrig hatten: Der Mensch am Rand „lehnte sich gegen die Hoffnungen und Gewalttätigkeiten der Utopien auf, gegen das leidenschaftliche Warten auf ein ,tausendjähriges Reich' ..., das auf dem Weg über eine befreiende Katastrophe anbrechen sollte."[49] So schreibt Clément:

> „Es geht nicht darum, das Sakrament des Altars durch dasjenige des Bruders zu ersetzen, wie das die ,Progressiven' tun, denn sonst geht die Geschichte selbst verloren und sie ist dann letztlich nicht mehr als ein makabrer Totentanz, sondern es geht darum, der Eucharistie ihren vollen ethischen Umfang zu verleihen."[50]

Das ist nicht nur die Geschichte der beiden letzten Jahrhunderte (die den Sozialismus hat entstehen lassen, als eine Kraft der Befreiung der Unterdrückten), sondern auch diejenige einer Realität, die im langen Leben der Kirche immer wieder aufgetaucht ist. Um es mit Clément zu sagen: Die Armen waren für die Christen nicht durchgängig „Sakrament". Diejenigen am Rand sind öfter gegenüber denjenigen in der Mitte verblasst, und dann herrschte das Zentrum vor und erwies sich als heiliger Ort und Motor des christlichen Lebens. Das führte auch dazu, dass man eine Kultur und eine Sichtweise des Zentrums

[49] O. Clément, *Riflessioni sull'uomo*, Mailand 1990, 89.
[50] Ebd.

entwickelte. Der Blick auf die Realität und das politische Denken waren vom Zentrum geprägt (und das führte dann auch zu einer Konformität der Modelle). Tatsächlich garantierte das Zentrum – dasjenige jeder Gesellschaft – auf organische Weise die christliche Leitung der Gemeinschaft der Bürger und deren konfessionellen Charakter bis in die Peripherien hinaus. Dieser Prozess führte zugleich dazu, dass die lebendige Gegenwart der Armen im Leben der Kirche verblasste. Das waren verschiedene Ereignisse, aber alle sind miteinander verbunden. Im übrigen folgte die missionarische Ausbreitung des Christentums in Theorie und Praxis einem Herrschaftsanspruch, nämlich dem einer spirituellen Herrschaft, die sich anderer Instrumente als der Politik bediente, aber die aktive Unterstützung durch die Machthaber nicht verschmähte. So konnte sich diese Herrschaft über die ganze Welt ausbreiten, bestimmt auch dank der Großherzigkeit ihrer Missionare.

Ein zur Peripherie gewordenes Zentrum

Andererseits haben die Peripherien und die am Rand Lebenden – man denke an den Fall Roms zur Zeit von Papst Gregor dem Großen – in einigen Zeiten der Krise des „Zentrums" eine entscheidende Rolle dabei gespielt, den Weg in eine hoffnungsvolle Zukunft aufzuzeigen. Unter dem Druck der Barbaren wurde im Gesamtbild Italiens, das von einer Reihe von Konflikten und von ständiger Instabilität geplagt wurde, Rom zu einer dekadenten, bedrohten Stadt, die angesichts der politischen Gewichtsverlagerung in Richtung Osten von da an nur noch eine marginale Rolle spielte, und das trotz der Erinnerung an ihre frühere Größe und der ihr verbleibenden Eigenschaft als moralische Instanz. Angesichts der tatsächlichen Reichshauptstadt Konstantinopel und auch infolge der geopolitischen Ausrichtung der Reichspolitik wurde diese Stadt mit ihren großartigen Monumenten – Zeichen einer glorreichen Vergangenheit – von da an eine Peripherie.

In dieser für die römische Kirche und das Überleben der Stadt selbst wie auch ihrer Bürger politisch besorgniserregenden Situation, in der es an Sicherheit fehlte, zeigte Papst Gregor der Große einen ganz eigenständigen Weg auf. Er berief sich weder auf die Größe der Vergangenheit, noch versuchte er diese mit politischem Handeln wieder herzustellen. Seine Worte nahmen nicht den nostalgischen Charakter der Restauration an. Obwohl er ein hervorragender Römer war, akzeptierte er mit Schmerz die Situation der früheren Hauptstadt und auch Italiens insgesamt, auch wenn er darunter litt. Aber zugleich zeigte er auch einen Weg in Richtung Zukunft auf, und zwar mittels seiner Predigt und der ständigen Auslegung des Wortes Gottes für das Volk.

Ein „Zentrum" wie Rom werde sich retten, wenn sein Volk auf das Wort Gottes höre und Gott ins Zentrum seines Lebens stelle. (Das Wort Gottes unermüdlich zu verkünden war die großartige Rolle, die Papst Gregor als Prediger spielte.) Aber Rom werde sich auch retten, wenn es sich um die Armen kümmere: Diese Botschaft verknüpfte er eng mit der vorherigen. So äußerte Gregor der Große entscheidende Worte über die zentrale Rolle des Armen im Leben des Christen und der Kirche. Während eine Welt zu Ende ging (diejenige Roms, das ewig zu sein schien und wie die Welt von immer wirkte), verwies der Papst auf den Weg in die Zukunft: Er finde sich beim Hören auf das Wort Gottes und bei der Sorge um die Armen. Das waren entscheidende Zeichen eines Fortschreitens in die Zukunft der Kirche und der Stadt, und das in einer Zeit, in der das große politische und kirchliche Zentrum Rom eine tiefgreifende Dekadenz erlebte. Es schien, als sei die Welt an ihrem Ende: Tatsächlich hielten viele den Verfall Italiens und Roms für die Ankündigung des Weltendes. Aber Papst Gregor verwies auf die Zeichen einer neuen Zeit, die den Weg aufzeigten, auf dem man sich retten und den notwendigen Exodus vollziehen konnte.

Mit dieser ganz und gar nicht nostalgischen oder anklagenden Einstellung und ohne in einer Logik der Restauration befangen zu sein, brachte Gregor seine Gläubigen auf den Weg in die Zukunft und umschrieb das Verhalten der in der neu entstehenden Ordnung an den Rand geratenen römischen Kirche, weil neue Völker die italienische Halbinsel bewohnten und der Schwerpunkt der Reichsherrschaft in Richtung Osten verlegt worden war. So wurde tatsächlich in dieser politischen Phase Rom zu einer Peripherie, und das trotz seines Ansehens und seiner Geschichte. Und das wurde, zumindest zum Teil, auch seine Kirche.

Die Kirche von Papst Gregor dem Großen, die nicht dank politischer Macht stark war, übte aber dennoch in der christlichen Gemeinde der Mittelmeerwelt eine bemerkenswerte Autorität aus, und nicht zuletzt auch dank der Glaubwürdigkeit ihrer Botschaft und ihrer apostolischen Tradition. Die Kirche von Rom unter der Leitung von Gregor dem Großen war trotz vieler Probleme und Sorgen alles andere als auf sich selbst zurückbezogen und blieb in der Krise und allen ihren Schwierigkeiten nicht auf sich selbst fixiert. So richtete sie ausgerechnet in dieser

Krisenzeit ihren Blick nicht nur auf die Menschen, die am Rand der Stadt lebten (die Armen zur Zeit der Krise), sondern zugleich auch auf die fernen geografischen Peripherien wie etwa Anglia, das heutige England. Dorthin schickte der Papst im Rahmen eines Evangelisierungsprojekts Missionare.

Sein Briefwechsel mit Augustinus, dem Leiter der Boten des Evangeliums in Anglia, zeigt deutlich die Aufmerksamkeit Gregors für diese ferne Welt, und das in einer Zeit, in der seine Stadt und seine Kirche von vielen Problemen belastet und sogar – wenn man so sagen darf – selbst an den Rand gedrängt waren. Warum sollte man nicht einfach nur die eigenen Stellungen befestigen, statt sich mit der Evangelisierung der Angeln zu beschäftigen? Aber sogar eine Kirche in gewaltigen Schwierigkeiten bezüglich der politischen und der Sicherheitslage wie diejenige Gregors ist nicht gezwungen, nur noch an sich selbst und die eigenen Probleme zu denken, sondern sie kann sich den Peripherien der damals bekannten Welt zuwenden.[51]

Diese Episode aus der Kirchengeschichte zur Zeit Gregors des Großen ist zeichenhaft: Sie zeigt, dass man sich nicht notwendiger Weise an einem zentralen Kreuzungspunkt der Geschichte befinden muss – wie es das kaiserliche Rom mit allen seinen Ressourcen gewesen war –,

---

[51] Vgl. *L'eredità spirituale di Gregorio Magno tra Occidente e Oriente,* hg. v. G. I. Gargano, S. Pietro in Cariano 2005; S. Boesch Gajano, *Gregorio Magno. Alle origini del Medioevo*, Rom 2004; R. A. Markus, *Gregorio Magno e il suo mondo,* Mailand 2001; . Gandolfo, *Gregorio Magno servo dei servi di Dio,* Vatikanstadt 1998; V. Paronetto, *Gregorio Magno. Un maestro alle origini cristiane d'Europa*, Rom 1985; Ph. Henne, *Grégoire Le Grand*, Paris 2007.

um sich um die Peripherien zu kümmern und vor allem auch seiner eigenen Berufung vom Evangelium her zu entsprechen. So konnte sogar von einer nunmehr selbst an den Rand geratenen Stadt wie Rom (auch wenn sie einen großen Namen hatte und ihr Bischof über eine besondere Autorität verfügte) noch ein authentisches und tatkräftiges Interesse für die am weitesten entfernten Peripherien ausgehen. Das Beispiel Roms zur Zeit Gregors des Großen zeigt, wie eine an den Rand geratene christliche Welt – oder anders gesagt: eine am Rand liegende Gemeinde – zum Zentrum der Aufmerksamkeit werden, ein mutiges Engagement und Initiativen entwickeln und das Evangelium in andere Bereiche hinein verbreiten konnte. Das ist eine wichtige Lektion aus der Geschichte des Christentums. Die Kirche Gregors des Großen war ein maßgebliches Zentrum der apostolischen Ausstrahlung, und das trotz ihrer politischen und gesellschaftlichen Erniedrigung, und sie nahm aufmerksam wahr, was in fernen Gegenden vor sich ging. Sie war so nicht nur kraft ihrer Autorität, sondern auch wegen ihrer Treue zum Evangelium.

Im Gegensatz dazu schrumpfte in einem uns viel näheren Zeitraum, nämlich zwischen dem 20. und 21. Jahrhundert, die Kirche von Konstantinopel, die als die „Große Kirche Christi" bezeichnet wurde und die Erbin der wichtigen byzantinischen Tradition war (sie war zur Zeit Gregors des Großen die von der kaiserlichen Macht unterstützte Kirche und in der Folge, nach dem Bruch mit Rom, die führende unter den orthodoxen Kirchen), in einer durch und durch muslimischen und türkischen Stadt auf eine winzige griechische Minderheit zusammen (und ist gewissermaßen nur noch der Schatten dessen, was in den byzantinischen und sogar noch in den osmanischen Jahrhunderten das ökumenische Patriarchat einmal war). Das ökumenische Patriarchat ist in der politischen Ordnung der modernen Türkei zu einer peripheren kirchlichen Institution geworden und ist in seinem Überleben gefährdet. Dennoch hat diese Kirche wichtige ökumenische Initiativen entwickelt, insbesondere dank der Impulse seitens ihrer Patriarchen Athenagoras und Bartholomäus, und dadurch eine noch nie da gewesene universale Ausstrahlung entwickelt.[52]

Der Umstand, am Rand zu liegen, verdammt nicht dazu, auf sich selbst beschränkt zu leben und sich auf Verteidigung oder Nostalgie zu verlegen. Wenn man mit festem Glauben am Rand lebt, kann von da her eine starke Botschaft in Richtung Zentrum und sogar der ganzen Welt ausgehen. Vom ökumenischen Patriarchat ging Mitte des 20. Jahrhunderts die Botschaft der Einheit aus: Die orthodoxe Welt, ja alle Christen sollten eins werden, und man solle Frieden schaffen, in den Dialog miteinander treten und die Schöpfung achten.

Weltflucht und Wüste

Tatsächlich sandten in der Geschichte des Christentums die Randgebiete zuweilen wichtige Botschaften an alle

---

[52] Vgl. O. Clément, *Dialogues avec le patriarche Athenagoras*, Paris 1976; V. Martano, *Athenagoras il patriarca (1886–1972). Un cristiano tra crisi della coabitazione e utopia ecemenica,* Bologna 1996. Vgl. auch O. Clément, *La vérité vous rendra libre: Entretiens avec le patriarche œcuménique Bartholomée Ier,* Paris 1996; *La visione ecologica del patriarca ecumenico di Costantinopoli Bartolomeo I,* hg. v. J. Chryssavgis, Florenz 2007.

Christen aus. Sie bewirkten sogar Veränderungen im Leben der Christen im Zentrum, wobei es beim Zusammenprall mit ihren jeweiligen Errungenschaften oder ihrem Lebensstil oft zu Spannungen kam. In diesem Zusammenhang muss man unbedingt die vielfältigen Lebensformen des östlichen und westlichen Mönchtums ins Auge fassen, selbst noch in seinen entferntesten Wurzeln. Für das Christentum in den Städten spielte das in den Peripherien sich entwickelnde Mönchtum eine wichtige Rolle. Die Mönche zogen sich aufs Land und in die Wüsten zurück, also in Welten an den Außenrändern der Stadt, in nahezu unbewohnte Gegenden, um das Evangelium auf authentische Weise zu leben: Sie machten sich gegenüber dem städtischen Leben vorsätzlich zu Randsiedlern, aber auch gegenüber der Kirche in der Stadt und ihren Lebensstilen. Deswegen forderte Harvey Cox zu Recht Ende der 1960er Jahre dazu auf, einen genaueren Blick auf das monastische Leben zu werfen, um dabei über bestimmte Klischeevorstellungen hinauszukommen: „Das Mönchtum war kurz gesagt ein riesiges und vielförmiges Experiment mit alternativen Lebensstilen des Gemeinschaftslebens."[53] Das Mönchtum stellte Jahrhunderte hindurch ein ganzes Bündel christlicher Lebensentwürfe dar, die sich in den Randbereichen des sozialen und kirchlichen Lebens ansiedelten.

Die Mönche haben sehr verschiedene Geschichten, es sind Gründergestalten und Jünger im Morgen- und im Abendland, aber sie prägten das Christentum recht nachhaltig. Die Geschichte des Mönchtums spielte sich

---

[53] H. Cox, *La festa dei folli*, Mailand 1971, 116 (Deutsch: *Das Fest der Narren,* Stuttgart 1970).

zumindest in seinem Anfangsstadium (aber nicht nur in diesem) weithin an den Rändern ab. Aber der Entschluss, in Randgebieten zu leben, war nicht die einzige Antriebskraft des monastischen Lebens, sondern das Hauptmotiv war der Wunsch, in voller Freiheit gemäß dem Evangelium zu leben. Die Peripherie mit ihrer Distanz und Armut bot die günstigen Bedingungen für ein solches Leben in christlicher Freiheit.

Ein regelrechter „Bestseller" über das Mönchsleben war das „Leben des Antonius" von Athanasius von Alexandrien. Dieser Text inspirierte Unzählige, den Spuren dieses Mönchsvaters zu folgen. Darin konnte man nachlesen, wie der Mönchsvater viele Jahre lang ganz allein in der Wüste gelebt hatte. Dort hatte der Heilige einige Eremiten gefunden, die ein Leben des Gebets und der Arbeit führten. Das Mönchtum hat eine lange Geschichte und kommt in verschiedenen Formen von weit her. Und die Wüste war für Antonius ein echtes Randgebiet, wenn man sie mit dem Leben in der großen Stadt Alexandria zwischen dem 3. und 4. Jahrhundert verglich. Im Lauf seiner langen Erfahrung des Gebets und der Einsamkeit begegnete Antonius vielen, die es ihm nachtun wollten: „So entstanden von da an in den Bergen Einsiedeleien, und die Wüste wurde von Mönchen besiedelt, die von ihrem Eigentum weggingen und ihr Leben im Himmel einschrieben."[54]

Die Wüste, ein echtes Randgebiet, bevölkerte sich mit Christen, die fern aller Versuchungen und der Logik der Stadt dem Evangelium folgen wollten. Diese Peripherie

---

[54] Athanasius, *Vita Antonii* 14, hg. v. Adolf Gottfried u. Heinrich Przybyla, Leipzig 1986, 41.

der Mönche wurde zu einer alternativen Stadt, die nach der Regel des Evangeliums ausgerichtet war, zur „himmlischen" Stadt als Alternative zur irdischen Stadt, und von dieser genau dadurch abgesetzt, dass sie Randcharakter hatte. Nach vielen Jahren des Mönchslebens kam Antonius aus seiner Wüste heraus und mischte sich ins Leben der Stadt Alexandria und ihrer Kirche ein, aber er ging dann schließlich doch wieder in seinen Raum „am Rand" zurück, den er sich als Stätte seines Lebens als Gläubiger auserkoren hatte.

Diese *fuga mundi*, „Flucht aus der Welt" und der Stadt, ist ein Charakterzug des Mönchtums, der sich auch im Leben des Vaters des abendländischen Mönchtums findet, nämlich Benedikts von Nursia, wie es uns Gregor der Große überliefert hat. In diesem Text ist zu lesen, dass der junge Benedikt sein Studium in Rom abbrach, weil er sein Leben ändern und sich in eine einsame Gegend zurückziehen wollte: „Er zog sich an einen einsamen Ort zurück, der Sublacus heißt, ungefähr vierzig Meilen von Rom entfernt. Dort entspringt eine starke Quelle mit frischem, klarem Wasser. Es sammelt sich in einem weiten See und wird dann zu einem Fluss ..."[55] Die Geschichte von Benedikt entspricht dem Vorbild vieler Mönchsväter und handelt von der Suche nach Gott in der Einsamkeit und Wüste, wozu man also aus der Welt flieht. Diese Entscheidung empfinden dann viele andere als sehr attraktiv, und so entsteht schließlich eine ganze Jüngergemeinde.

Benedikts Biograf Gregor der Große schreibt: „In der Einsamkeit wuchs der heilige Mann in der Tugend und

---

[55] Gregor der Große, *Der hl. Benedikt*, Buch II der *Dialoge* (Kap. 1,3), St. Ottilien 1995, 105 f.

tat immer größere Zeichen. Es sammelten sich bei ihm viele Menschen, um dem allmächtigen Gott zu dienen. So ließ Benedikt mit dem Hilfe des allmächtigen Herrn Jesus Christus zwölf Klöster errichten. In jedes Kloster schickte er zwölf Mönche und setzte für jede Gemeinschaft einen Abt ein … Da kamen erstmals auch vornehme und fromme Römer zu ihm und brachten ihre Söhne, damit er sie für den allmächtigen Gott erziehe."[56]

In einer Peripherie von Rom also beschloss Benedikt – so erzählt Gregor –, außerhalb der Zwänge des bürgerlichen und kirchlichen Lebens der Stadt „bei sich selbst zu wohnen" (*habitare secum*) und sein Leben ganz der Bekehrung zu verschreiben. Dieser Umstand – wir sind immer noch im Rahmen der Erzählung von Gregor – offenbart, wie das „monastische Randgebiet" auf die Christen der Stadt eine immer stärkere Anziehungskraft zu entwickeln begann. Das ist eine Geschichte, die sich im Leben vieler großer Mönchsväter wiederholen sollte, die die Stadt verließen und die Einsamkeit aufsuchten. Das Modell dafür lieferte in gewisser Weise die Befreiung Israels aus Ägypten beim Exodus sowie Israels lange Wüstenwanderung auf dem Weg ins Gelobte Land. In den Geschichten der Einzelnen ist bei fast allen die Rede davon, dass sie jemandem begegneten, der diese Wahl schon getroffen hatte. Aber bemerkenswert ist auch, dass sie selbst nach einer Phase des Alleinseins zu einem Anziehungspunkt für andere wurden, und dann gründeten sie, weiterhin in der Peripherie, eine eigene christliche Kommunität. Das randständige Mönchtum und diese Mönche am Rand übten dann einen zunehmend stärkeren Einfluss auf die Kir-

---

[56] Gregor der Große, *Der hl. Benedikt* a.a.O. 121 f. (Kap.3,13–14).

che der Stadt und das christliche und soziale Lebenszentrum aus.

Das Italien Benedikts, so erzählt uns Gregor, verfügte nicht wie Ägypten über große Wüstengegenden, hatte jedoch riesige ländliche Gebiete, die zum Teil entvölkert waren. Dort lebten verstreut Hirten und Kleinbauern in Unsicherheit und Armut. Das war die Welt einer armen Randbevölkerung, die im Elend lebte und nicht den Schutz von Einrichtungen genoss, sondern auf die Gnade von Gewalttätern angewiesen war. Die Mönche verrichteten oft die Feldarbeit, was in der Stadt und deren Umgebung die Beschäftigung einer großen Zahl von Sklaven war. Diese Art Arbeit wurde zur Arbeit der Mönche, die zwar freie Menschen waren, aber dennoch körperliche Arbeit verrichteten.

In ihrer Lebensweise entstand jene Synthese aus Gebet und Arbeit, wie sie der wichtige Text des abendländischen Mönchtums, nämlich die *Regel des heiligen Benedikt* beschreibt. Ein Mönch des 20. Jahrhunderts und Fachmann für das benediktinische Mönchtum, Benedetto Calati, bemerkt: „Die Präsenz der Mönche in der Wüste hatte sehr einschneidende Folgen, denn dadurch wurden manche öde Täler in wahre Oasen verwandelt."[57] Paradoxerweise wurden die Mönche mit ihrem Gemeinschaftsleben für die armen Leute zu wichtigen Anlaufstellen in geistlichen und materiellen Belangen. Sie befanden sich ja tatsächlich in einer Welt der Armen und Randständigen, die auf dem unsicheren italienischen Land lebten.

---

[57] B. Calati, *Sapienza monastica. Saggi di storia, spiritualità e problemi monastici,* Rom 1994, 438.

Nicht vergessen sollte man auch, dass das Mönchtum in seinen Anfängen im Orient, aber auch im Abendland, noch nicht genau reguliert, sondern eine spontane geistliche Bewegung in der Wüste und in Randgebieten war. Allerdings war die Wüste kein völlig leerer Raum, sondern sie war auch in Ägypten und anderswo besiedelt, wenn auch nur spärlich: „Sie war schon immer die Stätte von Räubern, Mördern, Gesuchten und Übeltätern jeglicher Sorte gewesen."[58] Zuweilen tauchen in den Geschichten über die Mönche seltsame und eigenartige Gestalten auf, mit denen sie in engem Kontakt lebten. Das war eine andere, alternative, ganz am Rand der Stadt befindliche Welt ohne die Fesseln der städtischen Zivilisation mit ihren Gepflogenheiten und Gesetzen. Diese Welt war auch der städtischen Kirche und den von ihr geschaffenen Strukturen fremd.

In gewissem Maß bedeutete für die Mönche der Auszug aus der Stadt gleichzeitig auch, aus dieser Kirche auszuziehen, aus ihrer Struktur und ihren kirchlichen Autoritäten und aus dem Lebensstil, wie ihn die Christengemeinden führten, um ein einfaches und dem Evangelium gemäßes Leben zu führen unter armen Leuten und außerhalb der garantierten Rahmen der Institution. Benedetto Calati schreibt, Cassian sei der Überzeugung gewesen, der Mönch müsse besonders zwei Menschenarten meiden: die Frau und den Bischof (weil er von beiden auf irgendeine Weise unterworfen werde). Und er fügt hinzu:

„Das Unternehmen der Mönchskirche der Wüste, die aus der polis flieht, flieht auch aus der Basilika und der kultischen Religiosität, und zwar mit dem klaren Vorteil einer Volks-

---

[58] Teodoreto, *Storia dei monaci della Siria*, Padua 1986, 9.

*frömmigkeit. Tatsächlich entsteht das Mönchtum als eine Be-
wegung der Volksfrömmigkeit, und zwar gegen eine Kirche,
die sich langsam immer weiter vom engen Kontakt mit dem
Volk entfernt."*[59]

Den Mönchen geht es nicht um ein Leben in Gelehr-
samkeit, sondern – so betont Calati – um eine auf der
Bibel gründende Form der Volksfrömmigkeit, die auch in
der religiösen Sprache einfachen Menschen und Hilfsbe-
dürftigen zugänglich ist. So darf man also das ursprüngli-
che Mönchtum nicht mit dessen Form der späteren Jahrhunderte vergleichen. In die Wüste oder an abgelegene
Orte zu fliehen, ist ein vom Evangelium inspirierter Entschluss, in einer freien und armen Umgebung zu leben,
ohne Beschränkungen und kirchliche Formalismen, um
als Wüstenvolk das eigene Leben auf die Gottsuche zu
konzentrieren. Vom Rand her lassen sich wirksam in der
Praxis und im Sinn des Evangeliums Stadt und Kirche
in Frage stellen, die nach den Zeiten der Verfolgung und
des Martyriums im Rahmen einer christlichen Herrschaft
leben. Calati schließt:

> *„Wenn das frühe Mönchtum mit der Wüste ‚flirtet', tut es das
> folglich, um die polis, die Macht, die Stadt in Frage zu stellen.
> Die polis ist die Versuchung zur Macht. Indem der Mönch in
> die Wüste flieht, bringt er in einer stark auf das Visuelle ausge-
> richteten Kultur, die auf dem Symbol, der Geste, der Liturgie
> beruht, ganz sichtbar zum Ausdruck, dass der Christ in der
> Situation ist, hier keine bleibende Statt zu haben, sondern auf
> der Suche nach der künftigen unterwegs zu sein."*[60]

---

[59] B. Calati, *Sapienza monastica*, 439.
[60] Ebd.

So besehen bietet die Randlage eine strategische Rolle, um auf andere Weise als in der Stadt zu leben und letztlich auch den Christen in der Stadt eine Botschaft zu übermitteln. Oft entstand von den Rändern des Mönchtums her eine Erneuerungsbewegung, die in die Stadt zurückkehrte und das fest geformte und strukturierte städtische Christentum mit einbezog. Die Mönche wurden in die Stadt gerufen und ihnen wurden verantwortliche Stellen eingeräumt. Die Ränder, die von Christen als bevorzugte Stätten für ein neues Leben nach dem Evangelium und im Geist des Mönchtums aufgesucht worden waren, bieten zwar nicht große Ressourcen, sind jedoch der Mutterboden für eine Regeneration des Christentums. Auch in diesem Fall wird die Peripherie zur Stätte der Neugeburt des Christentums.

Bezeichnend ist die lebendige Beziehung zwischen den Mönchen und den Armen. Das ist der Fall bei Paulinus von Nola, einem Mönch und Bischof eines Landstädtchens zwischen dem 4. und 5. Jahrhundert, der einer Großfamilie von Grundbesitzern entstammte. Er ließ ein Gebäude errichten, worin er im oberen Stock sein Kloster einrichtete, während im Erdgeschoss die Armen wohnten. Domenico Sorrentino schreibt in seinen Reflexionen über dessen Theologie, Paulinus habe „die Rolle der Armen im Erdgeschoss so verstanden, dass deren Anwesenheit mittels der Gebete, die sie zum Himmel schickten, das Fundament seines Hauses festige."[61] Die „menschlichen Peripherien" sind dem mo-

---

[61] *Mia sola arte è la fede. Paolino di Nola teologo sapienziale*, hg. v. D. Sorrentino, Neapel 2000, 64.

nastischen Leben und der Gottsuche nicht fremd. Von daher sind alle Peripherien und die Menschen in der Peripherie der Boden, auf dem das Christentum neu aufsprießt, frei von allen institutionellen Fesseln der christlichen Stadt, die sie seit der konstantinischen Wende hat.

KAPITEL 3

Peripherien heute

Das Entstehen der heutigen Peripherien

Dem Christentum des 20. Jahrhunderts wurden wieder eindringlich die Peripherien ans Herz gelegt, und zwar nicht so sehr als bevorzugte Stätten des Lebens nach dem Evangelium und der Gottsuche, sondern als Zonen, in denen das Überleben des Christentums problematisch war. Was die dortige Präsenz der Christen des 20. Jahrhundert angeht, wurden sie mit all ihren Nöten geradezu als fremdes Gebiet angesehen oder jedenfalls als im Begriff, sich vom Christentum zu entfremden. Das hatten vor allem diejenigen gemerkt, die über ein feines Gespür für die neue Geografie der im Wandel begriffenen Menschheit verfügten. Die Kirche dagegen, nur auf das Zentrum achtend, fühlte sich oft nicht davon herausgefordert, dass sich ihr die Peripherien entfremdeten, und das aus dem Grund – wie Papst Franziskus es ausdrückte –, weil sie nur um sich selbst und ihre eigenen Annehmlichkeiten kreiste.

Die Peripherien werden sogar in Gesellschaften, die von einer uralten historischen Kontinuität des Christentums geprägt sind, zu „Neuland". Seit dem 19. Jahrhundert verdichteten sich in den Städten infolge der industriellen Revolution Massen von Proletariern und Arbeitern, die von der Industrie gebraucht wurden. So entstanden an den Rändern der historisch gewachsenen oder auch der jüngeren Stadt große neue Wohnbezirke, oft mit unzureichenden Wohnverhältnissen und spärlichen öffentlichen Diensten. Das sind Eigenwelten von Zugewanderten, die vom Land weggezogen waren, wo es traditionellerweise ein soziales christliches Milieu gegeben hatte. Die neuen Randgebiete gleichen der „Stadt der Armen", von der Johannes Chrysostomus in seinen Homilien in Antiochia spricht.[62]

Der konstante Charakterzug der heutigen Zeitgeschichte ist die Verstädterung der Massen (und von daher das Anwachsen der Peripherien), aber zugleich auch die fortschreitende Entvölkerung der ländlichen Gebiete oder deren Reduzierung auf Peripherien der Städte. Die moderne Stadt „frisst" die Peripherien auf (was heute mit rasanter Geschwindigkeit in Afrika passiert, einem Kontinent, in dem die ländliche Welt noch von großer Bedeutung ist), wogegen die ländlichen Gebiete einen Teil ihrer Bewohner verlieren. So sind die Peripherien oft von randständigen Menschen bewohnt, die nicht am Wohlstand der Stadtbewohner teilhaben, sondern nur in Funktion zu deren Bedürfnissen oder Arbeitsnotwendigkeiten leben.

Die katholische Kirche hat Jahrhunderte hindurch in einer vielschichtigen juristisch-pastoral definierten Beziehung zum jeweiligen Territorium gelebt. Im 20. Jahrhundert war der gesamte Globus mit kirchlichen Zuständigkeitsgrenzen für die Seelsorge an den katholischen Gläubigen überzogen, wo immer sie in gleich welcher Dichte lebten. Das kann man recht deutlich im *Atlas hierarchicus* nachschlagen. Es gibt keinen Winkel auf

---

[62] Vgl. S. Zincone, *Ricchezza e povertà nelle omelie di Giovanni Crisostomo* a.a.O. 16.

der Erde – ich sage das paradoxerweise –, der nicht einer kirchlichen Diözese und einem Kirchenbezirk zugehört und der deswegen nicht seinen für ihn verantwortlichen Seelsorger hätte. Jede Diözese wird in kleinere kirchliche Bezirke unterteilt, nämlich in Pfarreien, und diese üben die Seelsorge auf einem klar umschriebenen Territorium aus und haben eine oder mehrere Kirchen als Zentrum. In den Missionsgebieten (über welche die römische Kongregation „De propaganda fide" [„für die Glaubensverbreitung"] die Aufsicht hat), also wo die Kirche erst in jüngerer Zeit Fuß gefasst hat, mag diese Struktur zwar etwas lockerer sein, aber das Modell ist das gleiche. In den Ländern der antiken Christenheit dagegen gibt es eine totale Festlegung auf das Territorium ähnlich der Verwaltung, wie sie der Staat organisiert hat. Diese auf die Pfarrei konzentrierte Zugehörigkeit wird heute infolge des Priestermangels zur Diskussion gestellt und ist stark geschwächt. Eine solche Anlage von Strukturen entspricht zudem der Vorstellung einer Art von Staat und – so möchte ich sogar sagen – von Herrschaft, wobei das Wichtigste die Beziehung zum Territorium ist. Sogar der Begriff „Diözese" (der „Verwaltungsgebiet" bedeutet) stellt eine Nachahmung der Verwaltungsbegriffe des römischen Reichs dar.

So kann man also sagen, dass kein Ort der Welt von der Geografie der katholischen Kirche ausgeschlossen ist. Sie umfasst mit ihrem Anspruch den gesamten Globus. Das ist eine „römische" Vorstellung von geografischer Kontrolle oder Seelsorge an den Menschen, die im jeweiligen Gebiet wohnen, für welche die Kirche Verantwortliche ernennt – Bischöfe, Pfarrer oder andere –, also für jeden Teil des Kirchenbezirks. So werden gewissermaßen vom

Zentrum aus die Randgebiete regiert: vom Diözesanzentrum oder vom Pfarreizentrum aus ... Andere Kirchen, die sich von der katholischen stärker unterscheiden, haben eine weniger vollständige und territorial umschriebene Vorstellung von der Seelsorge, wie etwa die russische, die bis heute nicht den Begriff des Pfarrbezirks kennt, jedoch durchaus Kirchen für den Gottesdienst ihrer Gläubigen in der Nähe von deren Wohnorten erstellt.

Die Peripherien bringen nicht erst heute diese römische Kirchenvorstellung in die Krise und das vor allem mit der rapiden Wachstumsrate ihrer Bevölkerung. Damit die Pfarreien keine zu großen Bezirke und ohne direkten Bezug zur Bevölkerung sind, haben sich die Diözesen mit eindrucksvoller Anstrengung darum bemüht, viele neue Pfarrkirchen zu bauen. Sie versuchten damit zu vermeiden, dass das Kirchengebäude, in dem der Gottesdienst stattfindet, zu weit entfernt von den Wohnungen der Menschen liegt und für diese womöglich nur schwer zu erreichen ist.

Zwischen dem 19. und dem 20. Jahrhundert (aber insbesondere im letzten Jahrhundert) hat der Katholizismus die wichtige und großartige Arbeit geleistet, in den Außenbezirken der Städte neue Seelsorgskomplexe zu bauen, vor allem in den größeren und weiter entwickelten. So steht oft in einem Randbezirk die Pfarrkirche geradezu als eine Art „Festung" der Kirche, aber rings um sie herum sind Säkularisierungsprozesse im Gang, die mit dem früheren Bezug der ländlichen Bevölkerung zu ihrer Kirche nichts mehr zu tun haben, oder sie sind umgeben von einer zugewanderten nichtkatholischen Bevölkerung. Die Pfarrei ist nicht mehr das Herz des Dorfes, wie das zu Zeiten einer christlichen Bevölkerung der Fall war und

Gabriel Le Bras in seinem wichtigen Buch *L'Eglise et le village* beschreibt.[63] Früher war die Kirche der Mittelpunkt des dörflichen Soziallebens und sie umgab der Friedhof. Das war der Inbegriff eines geordneten christlichen Universums. Die Pfarrkirche am Rand, zuweilen in einem Winkel des Außenbezirks gebaut, hat nicht mehr die traditionelle zentrale Lage auf dem Platz, auf dem sich das soziale und städtische Leben abspielt. Tatsächlich weist die zentrale Lage der Kirche im Dorf und der Kathedrale in der Stadt auf einen inzwischen verlorenen Stellenwert des Christentums hin und das selbst in Ländern mit uralter christlicher Tradition.

Aber nicht nur die Stadtpfarrkirche, sondern auch ein komplexes christliches Netzwerk machte den religiösen Charakter der historischen Stadt aus. Da gab es zum Beispiel die Bruderschaften mit ihren Kirchen, Oratorien, Ordenshäusern von Männern und Frauen und verschiedenen anderen religiösen Einrichtungen. Die zentral in der Stadt, im Wohnbezirk oder Dorf gelegene Kirche war von einem ganzen Komplex religiöser und pastoraler Einrichtungen umgeben, die die christliche Gesellschaft durchwirkten. Zuweilen sind noch alte Kirchen übrig, aber die Gesellschaft hat sich gewandelt; sie ist nicht mehr nur christlich, sondern pluralistisch, während die gemeinsamen soziologisch-religiösen Bezüge von gestern verwischt sind.[64] So sind die christlichen Institutionen fortan im sozialen Kontext eine isolierte Realität.

Im heutigen Randbezirk beschränkt sich die Kirche schließlich nur noch auf die Präsenz der Pfarrkirche, so-

---

[63] G. Le Bras, *L'Eglise et le village* [„Die Kirche und das Dorf"], Paris 1976.

[64] Vgl. G. Le Bras, *Studi di sociologia religiosa*, Mailand 1969.

fern eine solche vorhanden und zugänglich ist. Das passiert sogar – zum Teil – in der historischen Stadt und häufig deshalb, weil die Staaten Güter, Gebäude und Institutionen der Kirche säkularisiert haben, aber auch wegen der sinkenden Zahl von Priestern. Die Säkularisierungsmaßnahmen seitens der laizistischen Staaten zielten darauf ab, die Kirche ganz auf die Pfarreistrukturen zu reduzieren. Aber zugleich hat die städtische Entwicklung die Kirche gezwungen, ihre Präsenz auf die Pfarreigebäude zu beschränken, deren Bau im vorigen Jahrhundert eine gewaltige finanzielle und organisatorische Anstrengung erfordert hat, um pastoral dem Territorium vorstehen zu können.

Jetzt geht es nicht nur darum, in den Randzonen neue religiöse Einrichtungen zu schaffen, sondern auch um eine Präsenz in sich verändernden Welten. Die Gegebenheiten wandeln sich radikal. Das hat viele Ursachen: die Bevölkerung verstädtert zunehmend mehr; auf dem Land verblasst die traditionelle religiöse Frömmigkeit; die Menschen machen neue Erfahrungen; ihr Arbeits- und Sozialleben verändert sich radikal. Das alles führt dazu, dass sich die Menschen zunehmend der Kirche entfremden. Die Welt der frommen Katholiken beschränkt sich auf das Milieu, das sich an die Pfarrei wendet, es handelt sich um eine begrenzte, bestimmte soziale Gruppe, die in einer pluralistischen Gesellschaft nur noch eine Komponente von vielen ist.

„Die Mehrheit der Gläubigen wird ungläubig" sagte Kardinal Montini, der Erzbischof einer so großen Stadt wie Mailand, bereits über das Italien der Fünfzigerjahre.[65]

---

[65] Vgl. G. B. Montini, *La carità della Chiesa verso i lontani,* in: *Discorsi sulla Chiesa,* Mailand 1962, 45–61, für hier 54.

Die Kirche bleibt die Welt der Frommen, oft im Unterschied zu derjenigen der Masse der Randsiedler, die die Mehrheit sind. Neue, besonders harte Arbeitsbedingungen haben zu tiefgreifenden Wandlungen in der Mentalität der Menschen geführt, die man als die Angehörigen der Arbeiterklasse bezeichnete. Es war schon davon die Rede, welchen Raum die sozialistische Bewegung in diesen Kreisen einnimmt. Zwar sind bestimmt nicht alle Männer und Frauen der Randgebiete Arbeiter, aber die Arbeitermentalität prägt diese Gruppe sehr stark, und charakteristisch dafür ist, dass diese Menschen sich zunehmend stärker von der Welt und den Riten der Kirche entfremden. Das große Problem der Kirche im 20. Jahrhundert ist – wie ich bereits gesagt habe –, der Kontakt mit Randgebieten, die für ihre Präsenz immer unzugänglicher werden. Das gilt ganz besonders für das Stadt- und Arbeitermilieu, das die Kirche als ihr gegenüber feindselig oder fremd empfindet.

Die Fremdheit des Christentums

So kommen wir also wieder auf die Frage zurück, mit der sich Bischof Dupanloup bezeichnender Weise an Corbon gewandt hatte: „Wer kann mir sagen, warum dieses Volk uns verlässt?" Gegen Ende des 19. Jahrhunderts hatte die Kirche den Eindruck – den Monsignore Dupanloup deutlich ins Wort fasste – dass das Volk, oder jedenfalls ein Teil davon, die katholischen Einrichtungen und den christlichen Glauben verlasse. Dabei handelte es sich vor allem um das Proletariat, das an den Rändern der Stadt und bei der Industriearbeit einen tiefgreifenden Wandel durchmachte. Dabei handelte es sich nicht bloß um eine Absetzbewegung von den kirchlichen Institutionen, sondern um das Aufkeimen neuer Erwartungen in der Welt der Proletarier, die diese eher auf andere Bewegungen als auf die Kirche richteten.

Die Massen der Arbeiter und Randständigen der Gesellschaft erhofften sich also ihr Heil nicht mehr von den Versprechungen und Tröstungen der Kirche, die sie im Gegenteil als mit den Reichen und der Macht verbündet ansahen, sondern von der Selbstorganisation der Arbeiterwelt und deren Fähigkeit, zu kämpfen und sich zu befreien, und das vor allem von der sozialistischen und kommunistischen Bewegung. Das ist eine lange Geschichte, die sich nicht mit wenigen Strichen nachzeichnen lässt. Es ging um die Befreiung der Arbeitermassen mittels der Parteien, der Gewerkschaften und solcher Bewegungen, die sich oft auf die sozialistische Ideologie oder den Marxismus beriefen. Das aber war ein völlig anderes Universum von Vorstellungen und Werten, worin der religiöse Glaube und die Kirche keinen Platz hatten oder nur mit negativen Vorzeichen versehen wurden. Zudem lag dieses Universum oft mit der Kirche und den ihr verbundenen Bewegungen im Konflikt. Das war das ganze zwanzigste Jahrhundert hindurch das große Problem der Kirche in Europa.

Die Geschichte der Peripherien verknüpfte sich mit dem Sozialismus oder dem Marxismus und insgesamt mit einer „neuen" Politik, die schon bald den Charakter einer (quasi-religiösen und exklusiven) messianischen Befreiungsbewegung der Proletariermassen annahm. Angesichts dieser mehr als ein Jahrhundert hindurch andauernden Lage braucht man aber nicht zu meinen, dass die Kirche sich nicht bewegte und sich in den Festungen ihrer Pfarreien oder Institutionen einigelte, sich also insgesamt in einem Zustand der Starre verhärtet hätte. In Wirklichkeit entstand eine wichtige katholische soziale Arbeiterbewegung und zwar bereits ab dem Ende des 19. Jahrhunderts dank der Enzyklika *Rerum novarum* von Papst Leo XIII. Insgesamt erwuchs daraus ein weitgestreuter und vielfältiger sozialer Katholizismus, der sich vom 19. bis ins 20. Jahrhundert hinein ausbreitete und zuweilen in Wettbewerb mit der Arbeiterbewegung trat.[66] Aber die Seele der Befreiung – insbesondere in den Peripherien – stellt tendenziell die sozialistische Bewegung dar.

In den Peripherien kamen sich die Arbeiter und ihre Familien oft sehr verlassen vor. Die Romane des 19. Jahrhunderts beschrieben ausführlich die Entbehrungen des Proletariats, das Drama der Familien, die harten Arbeitsbedingungen, die Ausbeutung der Kinder als Arbeiter und das Fehlen von Unterricht und Beistand. Die ersten soziologischen Untersuchungen über die Arbeit und Umwelt der Arbeiter zeigen die niederdrückenden Lebensbedingungen in den Randgebieten und bei der Industriearbeit. Unter diesen neuen und schwierigen Umständen kam es zu einer fortschreitenden Entfremdung der Arbeitermassen vom religiösen Leben. Das bedeutete die Säkularisierung der in den Peripherien Wohnenden (die zudem häufig in ungesunden Quartieren im Zentrum der Stadt

---

[66] Vgl. J. B. Duroselle, *Le origini del cattolicesimo sociale in Francia 1822–1870*, Rom 1974. Zu diesem Thema immer noch aktuell sind die Ausführungen von E. Poulat, *Catholicisme, démocratie et socialisme*, Tournai 1977 und *Chiesa contro borghesia: introduzione al divenire del cattolicesimo contemporaneo*, Casale Monferrato 1984.

hausten). In der Soziologie und Pastoral des 20. Jahrhunderts war der Begriff der „Säkularisierung" stark im Schwang (er beschreibt ein Phänomen der Entchristlichung und der Loslösung vom Bezug zur Kirche). Es handelt sich dabei um einen komplexen Vorgang, in dessen Verlauf die traditionell als sicher geltenden Überzeugungen und Zugehörigkeiten in Frage gestellt werden, und vor allem ist er das deutliche Anzeichen des immer stärkeren Abrückens von einem Sozialleben, das ganz stark von der Religion geregelt war.

So ist auf jeden Fall inzwischen die vom Christentum geprägte Welt sowohl in den Städten als auch auf dem Land an ihr Ende gekommen. Im 19. und 20. Jahrhundert setzte die Säkularisierung des von einer positivistischen, naturwissenschaftlichen oder liberalen Kultur geprägten Bürgertums ein, und daneben kam es auch – mit etwas anderen Verlaufskurven – zur Säkularisierung der ärmeren Bevölkerung.[67] Das ist eine Geschichte, die allumfassend die gesamte Welt der Stadt betrifft, weil diese inzwischen zur rein säkularen Realität geworden ist.[68] Die Stadtkultur durchformt Schritt für Schritt die gesamte Gesellschaft – in jüngster Zeit insbesondere mittels der Massenmedien.

Wie bereits gesagt, organisiert sich beim Kampf um die eigene Befreiung die Realität der Peripherien – insbeson-

---

[67] Vgl. aus der umfangreichen Bibliografie: O. Chadwick, *Società e pensiero laico. Le radici della secolarizzazione nella mentalità europea dell'Ottocento*, Turin 1989; G. Miccoli, *Fra mito della cristianità e secolarizzazione*, Turin 1985; E. Poulat, *L'era post-cristiana. Un mondo uscito da Dio*, Turin 1986.

[68] Vgl. A. Riccardi, *Roma „città sacra?"*; H. Cox, *Stadt ohne Gott?*, Stuttgart 1966 f.; L. Pellicani, *Dalla città sacra alla città secolare*, Soveria Mannelli 2011.

dere das Proletariat – von sich aus neu. Mitten im 19.
Jahrhundert rief Pierre Proudhon energisch die Religi-
onslosigkeit eines Volksmilieus aus, das sich aus eigener
Kraft befreit: „Das Volk lässt sich nicht mehr länger hinhalten, und auch wenn es nicht in der Lage ist, mit dem
Verstand die Kette der Ideen und Fakten zu verfolgen …,
sagt ihm dennoch sein Instinkt, dass die einzige Ursache,
die es daran hindert, mittels seiner Arbeit glücklich und
reich zu werden, die Theologie ist, und so ist es im Herzen
nicht mehr christlich."[69] Es war bereits von dem die Rede,
was Olivier Clément treffend als die Scheidung zwischen
dem Altarsakrament (dem religiösen Leben) und dem Sakrament des Armen bezeichnet. Das ist, kurz gesagt, die
Kluft, die sich zwischen der Kirche und der Welt der Armen und Randsiedler auftut, zwischen dem Glauben und
deren Kampf ums Überleben.

Natürlich ist dieser Säkularisierungsprozess der Erwartungen und Hoffnungen der Peripherien komplex und
vielfältig: Er hängt von den Lebensverhältnissen der verschiedenen Länder ab, lebt von den unterschiedlichen
Verhältnissen entsprechend den jeweiligen wirtschaftlichen und historischen Umständen und weist vielfältige
Zyklen und Bewegungen auf. Aber jedenfalls ist das eines
der großen Dramen des Christentums des 20. Jahrhunderts: die Entfremdung wichtiger Bevölkerungsgruppen
von der Praxis der christlichen Gemeinde und der religiösen Bezüge.

Dennoch werden die Peripherien im sozialen und
politischen Leben der neuen Parteien zum entscheiden-

---

[69] P. J. Proudhon, *De la Justice dans la révolution et dans l'Église*, Paris
1958, Bd.II, 258.

den Pol, vor allem infolge des Anwachsens der Zahl der Wähler infolge des allgemeinen Wahlrechts. Die Kirche tut sich schwer damit, sich auf dieses Modell einzulassen. Stattdessen bleiben nicht wenige ihrer Ausdrucksformen und Initiativen der ländlichen Kultur oder noch einem christlichen Verstehenshorizont verhaftet. Diese entwickeln sich im Rahmen des Territoriums oder Pfarreigebiets, auch wenn es nicht an Initiativen zur Gründung von Vereinen und spezialisierten Bewegungen fehlt. Häufig besteht die Neigung, um die christlichen Institutionen oder die Pfarrei herum kleine christliche Milieus zu schaffen. Der Horizont der Stadt dagegen ist immer mehr und zum Großteil ein säkulares Universum, sei es am Rand gelegen oder im Bereich der wohlhabenden Schichten, im Kontakt mit neuen Lebensstilen und mit einer nichtreligiösen Kultur.

Die soziologischen Untersuchungen verzeichnen eine im Lauf der Zeit vorgegangene tiefgreifende Veränderung: „die große Krise der heutigen Religiosität" im Verein mit der Bejahung der Säkularisierung als täglichem Existenzhorizont, wogegen anscheinend der Glaube und die religiöse Praxis in einen Winkel oder einen Teil des sozialen Lebens verwiesen werden. Das ist in der religiösen Geschichte Europas eine gewaltige Wende. Häufig bedeutet diese Veränderung dann im Binnenraum der Arbeiterklasse nicht nur eine Laisierung, sondern zugleich auch „eine Auswechslung der Symbole und Riten und den Übergang vom bisherigen Mythos zu einem anderen."[70] Die neuen Mythen und Riten sind diejenigen des

---

[70] Das wird zum Beispiel vermerkt in S. Acquaviva, *L'eclissi del sacro nella civiltà industriale*, Mailand 1985, 22.

politischen Kampfs und der Befreiung von der Ausgegrenztheit. René Rémond, ein bedeutender französischer Erforscher des heutigen Christentums, hat deswegen sehr scharfsinnig über das Verhältnis von Kirche und Arbeiterwelt festgestellt:

> *„Die Wurzel der Scheidung zwischen Arbeiterwelt und Kirche ist eine Scheidung der Mentalitäten. Da sind zwei einander gegenseitig völlig fremde Kulturen nebeneinander aufgewachsen. Mag nun der Ursprung zufällig oder vorherbestimmt gewesen sein, so ist es jedenfalls eine unumkehrbare Tatsache, dass die Arbeiterklasse sich ihrer selbst in einem intellektuellen Universum bewusst geworden ist, welches die religiöse Dimension ausschloss – zumindest diejenige, die das Christentum vorstellte."*[71]

Paris und ein beunruhigter Kardinal

Die Reflexion über das „Neuland" der Peripherien zumal im 20. Jahrhundert mag allgemein erscheinen, wenn sie sich nicht zumindest auf die Geschichte eines städtischen Umfelds konzentriert. Als Untersuchungsfeld legt sich insbesondere Paris nahe, denn es ist eine große europäische Metropole, die seit dem 19. Jahrhundert einen intensiven Industrialisierungs- und Verstädterungsprozess durchgemacht hat. Im Unterschied zu anderen europäischen Großstädten – etwa London, das ebenfalls Schauplatz des Anwachsens eines städtischen Proletariats ist, aber nur eine Minderheit von Katholiken aufweist – verfügt hier die katholische Kirche über eine starke Präsenz. Die Säkula-

---

[71] R. Rémond, *Église et monde ouvrier*, in: *Christianisme et monde ouvrier*, hg. v. J. Maitron u. F. Bedarida, Paris 1975, 296.

risierung in der französischen Hauptstadt hat offensichtlich starke Wurzeln in der Französischen Revolution: Hier lässt sich trotz der politischen und religiösen Restauration nie mehr eine christliche Herrschaft wiederherstellen.

Zudem verlief die Geschichte von Paris vom 19. bis ins 20. Jahrhundert recht stürmisch und zwar auch infolge eines neuen Selbstbewusstseins der Arbeiterklasse. Als während der Revolution von 1848 die Regierungskräfte und die Arbeiter aufeinander stießen, kam dabei der Erzbischof Affre von Paris zu Tode, der sich zum Vermitteln auf den Kampfplatz begeben hatte. Zwei Jahrzehnte später, 1871, wurde die Stadt zum Schauplatz des Aufstands der Pariser Kommune, die im Blut erstickt wurde. Bei diesen Ereignissen – so wird erzählt – wurde der Pariser Erzbischof Darboy von Kommunarden erschossen.

Jedenfalls war es so, dass mitten im 20. Jahrhundert in Paris wie auch in anderen Großstädten die Kirche das städtische Szenarium noch nicht voll und ganz so eingeschätzt hatte, dass man dringend damit anfangen müsse, sich entsprechend neu zu strukturieren. In vielen Ländern überlebt der Katholizismus immer noch, ohne sich bewusst mit den Veränderungen auseinander zu setzen. Man verteidigt die Tradition des Christentums und tut so, als habe man sozusagen das Monopol darauf, das religiöse Leben zu vertreten und in dessen Namen zu sprechen, indes man sich im übrigen auf die kirchlichen Strukturen und Institutionen als Umwelt und Lebenshorizont zurückzieht wie auf kleine Inseln der Christlichkeit in einer pluralistischen und säkularisierten Welt.

Mit diesem Prozess des Übergangs vom „gläubigen Volk" zu einem Bild des Christentums (in all seinen vielfältigen Formen und Unterschieden sowohl in der Zugehörigkeit als auch in der Praxis) als relativ beschränkter kirchlicher Gemeinschaft geht der Verlust einer globalen Sicht des Christentums und seines Horizonts einher. Die globale Sicht ist die Stadt mit allen ihren Komponenten, auch denjenigen, die sich nicht auf die Kirche beziehen, aber zu denen sie sich ausgesandt weiß. Die Kirche hat sich immer als Kirche der Stadt betrachtet, diese als ganze in den Blick genommen und sich für diese insgesamt verantwortlich gefühlt, selbst wenn nicht deren ganze Bevölkerung katholisch war. Vom Zentrum – demjenigen der Diözese – ging die pastorale und religiöse Leitung der Stadt aus, die sich über die gesamte städtische Gesellschaft und die ländlichen Regionen erstreckte, die zum bischöflichen Territorium gehörten. Andererseits besteht eine der Auswirkungen des Säkularisierungsprozesses – nicht überall – darin, dass sich die Kirche auf ihre Institutionen zurückzieht, und zwar als Minderheit, die sich nicht im städtischen Horizont einsetzt.

Die Geschichte des Katholizismus in Paris ist interessant und etwas Besonderes. Man kann sagen, dass während des ganzen 19. und 20. Jahrhunderts die französische Hauptstadt ein privilegierter Ort der Begegnung mit allen Konflikten, Krisen und Schwierigkeiten war, die hier umrissen wurden. Als Erbin dieser Geschichte erlebte die Pariser Kirche von 1940 bis 1949 mit dem Kardinalerzbischof Emmanuel Suhard eine Phase mit einer bedeutsamen Kehrtwendung. Das waren die schwierigen Jahre des Kriegs und der deutschen Besatzung und sodann des Wiederaufbaus und des Kalten Kriegs. Der Kardinal ist eine entscheidende Gestalt für das neue Verständnis der Realität der städtischen Welt, in der sich eine neue Form der Mission der Kirche herausbildete.

In einem Pastoralbrief von 1947 mit dem Titel *Essor ou déclin de l'Église* („Aufschwung oder Verfall der Kirche") stellte er sich die Frage, welche Zukunft die Kirche in der modernen Stadt haben werde. Im Hinblick auf die Kirche sagte er, heute zeige „der Abfall der Massen ihr Scheitern an".[72] Der Kardinal empfand angesichts des Abfalls der am Rand lebenden Massen – einer wahren Apostasie – dieses Scheitern ganz stark. Schon 1943 hatte er in sein Tagebuch geschrieben: „Das Gesamt unserer Bevölkerung denkt nicht mehr christlich. Zwischen ihr und der christlichen Gemeinschaft tut sich ein Abgrund auf. Wir müssen aus unserem Haus heraus und mitten unter sie gehen."[73] Das sind Worte, die er für sich selbst vermerkte und nicht für einen öffentlichen Vortrag gedacht waren; sie zeigen das Bewusstsein einer sensiblen Persönlichkeit im Zentrum einer komplexen Lebenswelt. Es sei notwendig, dass die Kirche aus ihrem Binnenraum und ihren Institutionen herausgehe und die vorhandene Distanz überwinde. Sein Projekt war, „mitten unter sie zu gehen".

Das sind – in gewisser Hinsicht – Worte, die siebzig Jahre danach wieder bei Papst Franziskus zu hören sind. In *Evangelii Gaudium* betont er ausdrücklich diesen Aspekt: Es sei notwendig, hinauszugehen und einer Welt zu begegnen, die von den Gläubigen nicht mehr verstanden wird. Trotz der großen zeitlichen Distanz zwischen dem Kardinal von Paris und dem heutigen Papst und trotz der

---

[72] E. Suhard, *Essor ou déclin de l'Église. Lettre pastorale*, Paris 1947.

[73] J. P. Guerend, *Cardinal Emmanuel Suhard Archevêque de Paris 1940–1949. Temps de guerre temps de paix passion pour la Mission*, Paris 2011, 243. Vgl. auch J. Vinatier, *Le cardinal Suhard 1874–1949. L'évêque du renouveau missionnaire en France*, Paris 1983.

ganz verschiedenen Situationen, die sie ansprechen, zeigt diese Entsprechung, dass es sich hier um eine schon sehr lange Zeit hindurch anstehende Problematik handelt. Die Kirche ist keine Minderheit, die auf die Reinhaltung ihrer Lehre aufpassen und sich in gewisser Weise gegen eine pluralistische und relativistische Gesellschaft schützen muss, sondern sie ist aufgerufen, aus ihrer innersten Berufung heraus die gesamte Stadt in den Blick zu nehmen und sich in ihr aktiv zu betätigen und das weit über die Grenzen ihres eigenen Bereichs hinaus. Die Kirche ist auch nicht eine Minderheit, die in den Medien und in der öffentlichen Meinung Kulturkämpfe um unverzichtbare Werte führen müsste, wie das in der heutigen globalen Gesellschaft Minoritäten tun. Die Kirche hat den Auftrag, hinauszugehen, weit fort von sich selbst, und einer ihr tatsächlich fernen Welt zu begegnen. Das ist, kurz und knapp gesagt, die Vision von Bergoglio. In dieser Hinsicht hat Papst Franziskus das Thema der „Peripherien" nicht neu erfunden, sondern eine schon lange anstehende Frage aufgegriffen und sie ins Zentrum der kirchlichen Diskussion gestellt.

Die Peripherien stellen die Kirche in Frage: Es genügt nicht mehr, dass sie mittels neuer kirchlicher Gebäude ihre Präsenz zeigt, sondern es ist notwendig, dass sie in die peripheren Welten hineingeht, in deren Leben und deren Kultur. Will man in diese fernen Universen eintreten – nicht geografisch, sondern mit seinem Menschsein –, so muss man notwendigerweise aus dem „eigenen Haus" herausgehen. Das bedeutet, dass man seine Mentalität und seinen Stil ändert. Sich den Peripherien anzuschließen bedeutet heute, sich von der eigenen Kultur zu lösen und sich auf eine andere Daseinsweise einzulassen. Kardinal

Suhard hat diese Überzeugung mit Bitterkeit einem seiner Mitarbeiter anvertraut:

> *„Wir sind zehn Jahrhunderte im Verzug, zehn Jahrhunderte behindert. Wir haben uns mit einer dicken Schutzschicht umgeben, haben uns zu Spießbürgern gemacht. Zehn Jahrhunderte lasten auf uns; eines schönen Tages werden wir angesichts der Entwicklung der faktischen Umstände einfach gezwungen werden, zur evangelischen Einfachheit zurückzukehren. Wir haben die Defekte der Regierungen übernommen. Wenn ich in die Arbeiterquartiere gehe, schäme ich mich."*[74]

Dieses Empfinden findet sich auch im näheren Umfeld des Erzbischofs: Es sei notwendig, die Mauer abzureißen, also den Abgrund zu überspringen, der sich im Lauf der Geschichte aufgetan hat. Der Romanschriftsteller François Mauriac formulierte diesen Aspekt ausdrucksvoll so: „Es bedürfte einer schrecklichen Explosion, die das alles wegsprengen würde, was sich zwischen den Armen und dem Gott der Armen angehäuft hat." Das ist der Traum des Erzbischofs Suhard, vor allem nachdem er sich – mit großer Unruhe – des Zustands bewusst geworden war, in dem die Religion in den Randbezirken war. So weit war er gekommen, weil er während seiner Amtszeit viele persönliche Kontakte geknüpft und den Wohnbezirken an den Rändern von Paris immer wieder Besuche abgestattet hatte.

Der katholische Schriftsteller Gilbert Cesbron beschreibt in einem Roman, den er – mit dem bezeichnenden Titel *Die Heiligen gehen in die Hölle* – den Arbeiterpriestern gewidmet hatte (und dem in den 1950er Jahren

---

[74] J. P. Guerend, *Cardinal Emmanuel Suhard* a.a.O. 246f.

ein großer Erfolg beschieden war) das Lebensende des Kardinals folgendermaßen: „In den letzten Wochen ließ er die offiziellen Audienzen ausfallen und hörte auf, die Arbeiten zu erledigen, die seit zehn Jahren zu seinem Tagewerk gehört hatten. Jetzt ließ er sich in seinem kleinen schwarzen Automobil, das traurig und altmodisch aussah wie ein Kirchenschweizer, durch die Vorstädte von Paris fahren ... Das Gesicht an der Fensterscheibe, das Herz zusammengeschnürt und die Hände verschränkt, so fuhr der Kardinal-Erzbischof langsam durch sein heidnisches Volk hindurch; sein blauer Blick schien die Bilder der grauen Gestalten in sich einzusaugen. ‚Alles Kinder Gottes! Ich bin verantwortlich für sie ... Verzeih mir, Vater! Verzeih mir ...‘ "[75] Er hatte das Gefühl, da sei eine Welt verloren, fern, mit der es keine Kontakte gebe. Deswegen begab er sich auch immer wieder einmal nach Sagny, einem Arbeiterquartier am Stadtrand, nur im schwarzen Anzug, und wohnte abends der Messe eines von der Arbeit heimgekehrten Arbeiterpriesters bei, ging aber vor deren Ende wieder weg, um nicht zu stören. Er war der Überzeugung, man müsse mit scheuer Zurückhaltung, aber Entschiedenheit in die Welt der Peripherie eintreten.

Frankreich – Missionsland?

Eine von den zwei Priestern Henri Godin und Yves Daniel durchgeführte Untersuchung hatte Kardinal Suhard stark beeindruckt. Deren Text erschien 1943 in einem kleinen Buch mit dem provozierenden Titel: *La*

---

[75] G. Cesbron, *Die Heiligen gehen in die Hölle*, Darmstadt 1955, 184.

France, pays de mission?[76] Das war eine Anfrage, die einen Vorschlag enthielt: Die Kirche solle sich missionarisch um diejenigen Welten bemühen, in denen sie unwiderruflich zum Randphänomen geworden sei. Aber sie ging von einer Feststellung aus: Frankreich – und vor allem Paris – sei Missionsgebiet geworden, genau wie die erst unlängst evangelisierten Länder. Den Begriff „Missionsland" auf ein Land mit uralter christlicher Tradition anzuwenden, war ein verblüffendes Unternehmen.

Die Peripherie, in der das Proletariat lebte – so vermerkten die Autoren des Buchs, Godin und Daniel – sei inzwischen eine „heidnische" Welt, und zudem seien die Methoden der kirchlichen Präsenz nicht mehr dazu geeignet, mit dieser Realität die Kontakte aufrecht zu erhalten. Selbst wenn sich die Pfarrei in den Randgebieten ansiedle und selbst wenn es auf die Arbeiterpastoral spezialisierte Vereinigungen gebe, schaffe sie um die Institution unvermeidlich ein „katholisches" Umfeld, habe jedoch mit den Arbeitern immer noch kaum Kontakte. Diese stellten eine andere Welt dar. Die Pfarrei und die Kirche insgesamt seien in den Peripherien nicht missionarisch.

Vor diesem Hintergrund entstanden die „Mission de Paris" und die „Mission de France". Es handelte sich um Priester, die den Auftrag erhielten, im Arbeitermilieu zu leben oder selbst Fabrikarbeiter zu werden, um auf diese Weise mitten im Kern dieser randständigen Welt dem Christentum neu zur Geburt zu verhelfen und so wie alle andern zu leben. Sie zogen also ins Arbeitermilieu; oft arbeiteten sie in der Fabrik oder verrichteten eine einfache

---

[76] „Frankreich – Missionsland?"; H. Godin u. Y. Daniel, *La France, pays de mission?*, Paris 1943.

körperliche Arbeit. So zeigten sie mit ihrem Alltagsleben und ihrer Arbeit auf, dass es möglich sei, als Christen in Milieus zu leben, worin sie das kirchliche Leben allen zugänglich zu machen versuchten. Mit ihrer Präsenz als Priester und Arbeiter wollten sie deutlich zeigen, dass es möglich sei, in der Peripherie Christ zu sein.

Die Mission de Paris, das heißt im Wesentlichen das Engagement der Arbeiterpriester in der Peripherie und unter dem Proletariat, lag Kardinal Emmanuel Suhard ganz besonders am Herzen; er wollte und unterstützte es bis zu seinem Tod. Gilbert Cesbron erzählt, wie Erzbischof Suhard nicht nur der Gründer der Mission de Paris war, sondern auch der ständige Unterstützer der Arbeiterpriester. Viele Quellen bezeugen dieses sein Engagement. Emile Poulat, der Historiker dieser Lebensform und zugleich selbst an dieser Erfahrung Beteiligter, hat erzählt, dass die Arbeiterpriester immer zum Kardinal ins Haus kommen konnten, ohne vorher einen Termin erbitten zu müssen, und zu jeder Uhrzeit.[77] Für Suhard war die Mission der Arbeiterpriester ganz wesentlich: Es ging darum, dass die Kirche in Zukunft wieder in der Großstadt präsent sein sollte, denn – seiner Überzeugung nach – musste die Kirche von den Peripherien her wieder neu anfangen.

Es ging dabei nicht darum, die Kontrolle oder Sorge der Kirche in feineren Verästelungen bis in die neuen Sektoren der Peripherie voranzutreiben. Die Herausforderung der Mission de Paris bestand darin, unter den am Rand Lebenden die Kirche neu erstehen zu lassen, die so fern wirkte, als gehöre sie anderen Schichten und einer anderen Welt an. Fünf Monate vor seinem Tod brachte der

---

[77] Vgl. E. Poulat, *I preti operai*, Brescia 1967.

Kardinal in einer Homilie in der Kathedrale von Notre Dame auf sehr glückliche Weise seine Vorstellung von der Sendung der Kirche in der Großstadt zum Ausdruck. Das war seine Sicht von Paris, der Stadt, die er in ihrer Ganzheit betrachtete, und die Ausdruck seines Gefühls persönlicher Verantwortung gegenüber der gesamten Stadt war, ohne irgendeinen Bereich oder Wohnbezirk auszuschließen:

> *„Ich bitte Sie, sich zusammen mit mir in Gedanken vor die Basilika von Montmartre zu stellen und von da aus hinabzuschauen! Da liegt also, so weit das Auge reicht, Paris, diese Stadt voller schwerer Mängel und diese Stadt der Heiligen. Unter diesen rauchenden Dächern leben und regen sich rund sechs Millionen Einwohner, lieben einander, streiten miteinander, beten und verzweifeln. Das ist die riesige Stadt, die Gott mir zur Betreuung anvertraut hat. Warum? Um sie zu retten! Paris zu retten bedeutet zweierlei: die Seelen retten und die Stadt retten … ‚Weh mir, wenn ich nicht das Evangelium verkünde‘, seufzte der heilige Paulus. Im Anschluss an Paulus und vor euch stoße auch ich diesen schrecklichen Seufzer aus.'*[78]

Eine kurze großartige Geschichte

Die Erfahrung der Arbeiterpriester war recht kurz, denn ihr Einsatz wurde 1954 auf Anordnung von Papst Pius XII. abgebrochen. Aber es war eine intensive und bedeutsame Lebensform gewesen. Die Lebensweise dieser Priester in den Vororten und Fabriken schien ihre priesterliche Identität in Frage zu stellen. Aus diesem Grund mussten

---

[78] P. Guérend, *Cardinal Emmanuel Suhard*, a.a.O. 245.

diese Priester auf Anordnung des Heiligen Stuhls ihren Arbeitsplatz aufgeben. Damit endete eine Erfahrung, die viele Diskussionen ausgelöst hatte, jedoch von Kardinal Suhard und einem Teil der französischen Bischöfe stark unterstützt worden war. Zum Zeitpunkt des Abbruchs dieses Unternehmens im Jahr 1954 war Suhard bereits tot. Rom wusste, dass nicht wenige Arbeiterpriester sich gegen die Regierung und die Besitzenden gestellt oder an Kundgebungen mit der von den Linken organisierten Friedensbewegung teilgenommen hatten: Waren sie auf diese Weise nicht zu Kollaborateuren des internationalen Kommunismus geworden, den der Papst verurteilt hatte und der die Christen in Osteuropa verfolgte? Verrieten sie nicht ihre christliche Welt, um mit den Feinden der Kirchen zusammenzuarbeiten?

Die Arbeiterpriester hatten sich nach Roms Meinung allzu sehr an das Leben der Arbeiter und der Fabriken „angepasst" und die Denkungs- und Handlungsart von deren politischen und gewerkschaftlichen Bewegungen übernommen. Sie hatten sich mehr mit dem Proletariat als mit der Kirche identifiziert. Eine solche Behauptung hätte die Mehrheit von ihnen bestritten, aber von außen her, in Rom und in den verschiedenen Sektoren des französischen Katholizismus, sah das so aus. Zudem war in den Augen des Papstes ihr Priestertum in Gefahr und durch das Dasein als Arbeiter und das Leben wie diese in Frage gestellt. Nach Auffassung von Pius XII. war es nicht länger möglich, diese kühne Erfahrung im Gleis zweier „Welten" weiterhin fortzuführen. Auf derart intensive Weise konnte man sich einfach nicht in der Peripherie einwurzeln, denn man lief dabei Gefahr, sich von der Kirche zu entfremden.

Die Priester, die zu Arbeitern und Missionaren unter dem Proletariat geworden waren, liefen Gefahr, zu „Randgestalten" der Kirche zu werden oder waren es sogar bereits geworden. Wenn sie sich zwischen zwei Welten versetzten und damit sozusagen immer Fremdlinge und bisweilen umstritten waren, würden sie letztlich unheilbaren Spannungen und Widersprüchen ausgesetzt werden: zwei Treueinstanzen gleichzeitig verpflichtet, nämlich einerseits der Kirche und ihrem Priestertum und missionarischen Auftrag, und andererseits auch der Arbeiterklasse, für die sie sich entschieden hatten und unter der sie lebten.

Die Geschichte der Arbeiterpriester dauerte mehr oder weniger zehn Jahre lang. Das war nicht viel. Aber auf jeden Fall ist das eine großartige Geschichte, nämlich diejenige des Versuchs, einen Abgrund zu überbrücken. Emile Poulat hat in den Jahren seiner Teilnahme an der Erfahrung der Mission de Paris bemerkt, sie sei der Versuch gewesen, aus der kirchlichen und katholischen Welt hinauszugehen und in diejenige des Proletariats einzutreten. Die Priester hätten sich in der Welt der Randständigen „inkulturiert", in den Werten und Kämpfen der Arbeiterklasse, deren Schmerzen und Hoffnungen geteilt und Kontakte mit den sozialen und politischen Organisationen geknüpft, von denen sie sich ihre „Selbsterlösung" versprochen hätten. Das führte zu einer derartigen Änderung ihres Lebens, dass diese neue Situation – in den Augen von Papst Pius XII. – mit dem katholischen Priestertum unvereinbar wurde oder dessen grundlegende Identität in Gefahr brachte. Das führte jedoch – wie Poulat zudem vermerkt – auch dazu, dass in kommunistischen Kreisen und als Konsequenz des Kontakts zwischen diesen und den Arbeiterpriestern eine neue Einschätzung des Katholizismus um sich griff. Das war eine bedeutsame Auswirkung, die inzwischen völlig in Vergessenheit geraten ist. Der Einfluss dieser Priester auf die Arbeiterwelt führte in Frankreich bei den Kommunisten zu einer Veränderung der Einschätzung des Katholizismus, den sie nicht mehr als Teil der feindlichen Front empfanden, also der „Ausbeuter" der Arbeiterklasse.

So kurz diese Erfahrung auch war, wurde sie dennoch zeichenhaft und erlangte nicht nur in der französischen Öffentlichkeit einen hohen Bekanntheitsgrad. Das ging so weit, dass der junge polnische Priester Karol Wojtyla, der vor der Schließung der polnischen Grenze durch den Kommunismus von seinem Bischof zum Studium nach Rom geschickt worden war, und der aus einer soliden und traditionell katholischen Welt stammte, 1947 nach Paris kam, und das ausdrücklich zu dem Zweck die dortigen neuen pastoralen Erfahrungen kennen zu lernen. Er traf auch Kardinal Suhard und interessierte sich sehr für die Arbeiterpriester. Von dieser „Rückkehr zur Einfachheit des Evangeliums" blieb er sehr beeindruckt, wie er zwei Jahre danach in einer katholischen Zeitschrift in Krakau schrieb. Und er fügte hinzu: „Die brüske und radikale Aussage, dass Frankreich Missionsland ist, ist bereits die Frucht langer und tiefgründiger Überlegungen ... Es ist keine leichte Sache, die Verantwortung für eine solche Aussage auf sich zu nehmen."[79]

Viele hätten dem die Frage entgegengestellt, wie es denn möglich sein könne, Länder mit einer tausendjährigen christlichen Geschichte wie Frankreich als heidnisch

[79] Ebd. 272. Vgl. A. Riccardi, *Giovanni Paolo II santo. La biografia*, Cimisello Balsamo 2014, 72 f.

zu bezeichnen. Das war eine Kritik, die in römischen Kurienkreisen die Runde machte. Aber der junge Wojtyla hatte erfasst, dass diese pastorale Erfahrung ein neues Wirklichkeitsverständnis und ein mutiges Übernehmen von Verantwortung widerspiegelte. Diese Beobachtungen des späteren Johannes Paul II. zeigen deutlich das internationale Interesse, das die Lebensweise der Arbeiterpriester auch außerhalb der Grenzen Frankreichs weckte. Ein hoch sensibler italienischer Pfarrer, Don Primo Mazzolari, schloss sich ihm an und schrieb darüber mit Interesse und Anteilnahme, so dass dies auch in Italien bekannt wurde.[80]

Zweifellos war diese Erfahrung noch nicht ausgereift, als das Unternehmen beendet wurde. Die Arbeiterpriester lebten nicht in einem Pfarrhaus oder in kirchlichen Einrichtungen in geografischer Nähe zur Arbeiterwelt, sondern direkt im Arbeitermilieu und knüpften neue Bande mit diesen Menschen am Rand. Sie lebten als Arbeiter und fühlten sich als solche. Ihre Zugehörigkeit war vollständig und forderte sie ganz. Allerdings gab es zwei verschiedene Tendenzen. Die einen betonten die Notwendigkeit der Präsenz des Priesters in der Fabrik: Auf diese Weise sollte eine neue Freundschaft mit der Arbeiterwelt entstehen und aufgezeigt werden, dass auch in einer so schwierigen Umgebung, die ausgebeutet und von Auseinandersetzungen geschüttelt wurde, der Glaube möglich war. Der Priester machte sich zum Arbeiter wie alle andern. So hätte auf Grund dieses Zeugnisses eine neue christliche Gemeinschaft entstehen können, wenn auch außerhalb des Rahmens der Pfarreien und Institutionen.

---

[80] Vgl. P. Mazzolari, *La Chiesa non spara sulle avanguardie*, in *I preti operai*, Vicenza 1961, 105–110.

Es wäre eine aus dem Randbereich der Arbeiter erwachsene Kirche gewesen.

Emile Poulat erklärt, dass dies bei den Arbeiterpriestern die vorherrschende Linie war. Die Hauptperson im Roman von Cesbron, ein Priester, der in der Fabrik arbeitete, Père Pierre, brachte – vielleicht in etwas allzu poetischer Weise – die Identifikation mit der Arbeiterwelt so zum Ausdruck: „In der Fabrik hat man keine Lust oder keine Kraft mehr, nachzudenken; dort ist man weniger allein. Dort ist es einfach, seine Arbeit als Priester zu vollbringen: zu lächeln, zuzuhören, da zu sein ... Denn es genügt, da zu sein, wenn man Christus im Herzen hat. Jeder, der in eine Kirche kommt, kann sagen, ob das Allerheiligste da ist oder nicht ... So ist es mit der einfachen Gegenwart in der Fabrik, die keinen in Ruhe lässt. Ein Baum, der von selbst wächst!"[81] Der Priester machte sich auf diese Weise zum Arbeiter unter Arbeitern und zur Randgestalt unter den Randgestalten und erlitt die ganze Distanz dieser Randwelt des großen Restes der Stadt und genauso auch der kirchlichen Struktur. Insgesamt war das eine Kirche, die in der Peripherie neu geboren wurde, innerhalb des Arbeiterlebens, mit einer einfachen und armen Christengemeinde. Sie bestand aus randständigen Menschen, die tatsächlich fern vom christlichen Glauben gewesen waren, ihn zuweilen feindselig abgelehnt hatten, der ihnen aber vor allem fremdartig vorgekommen war.

Doch es gab unter den Arbeiterpriestern eine andere Option, die insbesondere Pater André Depierre in Montreuil verkörperte, einem Randquartier von Paris, das besonders vom Elend der Arbeiterwelt und der Verlassen-

---

[81] G. Cesbron, *Die Heiligen gehen in die Hölle* a.a.O. 194.

heit gezeichnet war. Cesbron war von seiner persönlichen Erfahrung mit dieser Umgebung erschüttert. Er erzählt:

„Wie konnte da ein junger Bürgerlicher leben, der nie arm gewesen war, und jäh die Arbeitsbedingungen entdecken, die Streiks, die ungesunden Wohnungen, das Unglück, die Verlorenheit, die Einsamkeit und zugleich auch die Solidarität, das von Menschen gelebte Evangelium, die nicht einmal wussten, dass es das Wort ‚Evangelium‘ gibt.“[82]

Für Cesbron war das die erschütternde Erfahrung einer Welt, die zwar nicht geografisch, aber menschlich weit fort von der Welt der mittelständischen Pariser Bevölkerung lag. Diese Distanz bewegte die Jugendlichen, wie Cesbron bemerkt. Die Fremdheit führte zu sozialem und politischem Konflikt. Und er fragte sich: Wo steht da die Kirche?

Der Priester André Depierre war während des Zweiten Weltkriegs im Widerstand aktiv gewesen. Mit vierundvierzig war er ins Quartier von Montreuil gezogen und dort Lumpensammler geworden (arbeitete also nicht in einer Fabrik, wie das viele andere Priester der Mission de Paris taten). Die Vorstellung von Depierre war es, dass es notwendig sei, mitten in diesem Milieu eine Gemeinschaft zu gründen und dort dem Christsein ein neues Gesicht zu geben: „Das, was das Volk unbewusst von der Kirche erwartet, ist die Hoffnung ...“ Die Kirche mit ihren Pfarr- und Vereinsstrukturen war weit von der Welt der Proletarier entfernt, weil sie ein anderes Milieu repräsentierte, nämlich das mit der kirchlichen Welt verquickte katholische. Sie war wie der Turm der Pfarrkir-

---

[82] M. Barlow, *La foi de Gilbert Cesbron*, Paris 1989, 54.

che, so schrieb Cesbron: „hoch über allem, regelmäßig schlagend, mit einem gleichgültigen und Unbehagen weckenden Klang." Der Arbeiterwelt waren die Institutionen der Kirche fremd. Das war auch eine Frage der Mentalitäten und der Lebenswelten.

André Depierre ging es nicht nur darum, den Kontakt mit einer Bevölkerungsschicht aufzunehmen, die von Gott fern war – ein Umstand, der objektiv zutraf –, sondern er wollte auch die menschlichen und geistlichen Reichtümer dieser der Kirche fernen Menschen entdecken und bestärken, die seiner Überzeugung nach für bedeutende Werte standen. Damit diese ans Licht kämen, müsse man mitten in diese Umgebung und ihren kulturellen und menschlichen Bedingungen ein christliches Gemeinschaftsleben einpflanzen. Dabei gehe es also nicht bloß darum – so sagte dieser Priester –, das Evangelium dorthin zu bringen, sondern man könne von diesen am Rand lebenden Menschen auch menschliche und positive Werte empfangen wie etwa die Solidarität.

Depierre war des festen Glaubens, dass unter den 70 000 Einwohnern von Montreuil viele „unbewusste Mitglieder der Kirche" seien, ein Volk, das zur „Solidarität und zu einer revolutionären Mystik fähig" war. So wollte dieser Missionspriester also die christliche Botschaft nicht auf eine *tabula rasa* projizieren, sondern auf eine Menschengruppe, die bereits bestimmte Werte verwirklichte, welche sich ihrerseits in der „Stadt der Reichen" eher nicht fanden. Die Präsenz von André Depierre und seinen Freunden (Laien, die mit ihm eine Gemeinschaft bildeten) wollte in die Massen und in eine entchristlichte Welt ein neues Interesse für die Kirche hineintragen: eine „ansteckende Neugier, einen kollektiven und bewussten Aufruf". Es herrschte unter diesen Menschen am Rand ein unbewusster Durst nach Gott, der oft unter Jahren des Elends, der Verlassenheit und der Erniedrigung verborgen blieb.

Die Missionare sollten nicht irgendwelche Einzelne bekehren, um sie dann aus ihrer eigenen Umwelt hinauszuführen (nämlich in die katholische Welt der Pfarrei oder der kirchlichen Vereine), sondern mitten unter den Proletariern und am Rand Lebenden Kirche stiften und dabei auch bereit sein, von den Ärmsten zu lernen. So entstand in Montreuil eine Quartier-Gemeinschaft, die zur Anlaufstelle für eine Volksliturgie wurde (die man nicht in Pfarrkirchen, sondern in Innenhöfen feierte), für sichtbare Solidarität, für Volksbildung und für den Kampf um Wohnraum. Diese christliche Volksgemeinde hatte als regelmäßigen Bezugspunkt die wöchentliche Messe.

Die Entscheidung, ins Wohnquartier zu ziehen, die Depierre traf, teilten nicht alle Arbeiterpriester. Sollte die Mission ihren Brennpunkt in der Peripherie der Stadt oder in der Fabrik haben? Stellte nicht die Fabrik das Herz dieser Randwelt dar und den symbolischen Ort der Ausbeutung? Wie konnte man in die Welt der Proletarier eintreten? Depierres Ansatz und derjenige der anderen Priester stellten zwei verschiedene Wahlmöglichkeiten dar, die von unterschiedlichen persönlichen Vorstellungen darüber ausgingen, wie man in der Peripherie präsent sein sollte. Es gab sogar einen Priester mit dem Spitznamen „Père Pigalle" (nach dem Namen des bekannten Pariser Amüsierlokals), der sich der Welt der Prostituierten annahm.

Trotz dieser unterschiedlichen Strategien war der Einsatz der Arbeiterpriester und auch ihrer Mitarbeiter aus dem Laienstand von einer grundlegenden Leidenschaft für die Peripherie und die darin Lebenden geprägt. Diese Leidenschaft führte die beteiligten Priester über den üblichen kirchlichen Rahmen hinaus. Ähnliches findet sich nur an bestimmten Stationen der Kirchengeschichte wie etwa nach dem Zweiten Vatikanischen Konzil. So geschah es zum Beispiel in Rom, wo viele Katholiken, insbesondere junge, in einem Anflug von Solidarität in die Vorortviertel und Randgebiete hinauszogen, um dort das Leben der Menschen zu teilen, ihnen zu helfen oder Unterricht zu geben. Die Erfahrung der Arbeiterpriester war selbst in ihren schwierigsten Aspekten von dieser Leidenschaft für die Peripherie beseelt sowie vom Wunsch, einen positiven Kontakt mit der Realität der Arbeiterwelt herzustellen.[83]

Die Wissenschaftlerin Marta Margotti hat bei ihrer Aufarbeitung der Geschichte der Arbeiterpriester von 1943 bis 1954 festgestellt, dass die „Missionare" nach wenigen Jahren einige starke Überzeugungen der Ausgangzeit anscheinend fallen ließen. Es waren die Überzeugungen von Menschen, die von außen gekommen waren und sich als Träger „höherer" Werte verstanden hatten:

„ … Die Arbeiterwelt erwies sich aus spiritueller Sicht als Trägerin unerwarteter und viel reichhaltigerer Werte, als das die Missionare während ihrer Jahre der Ausbildung im Seminar oder in den katholischen Vereinigungen gelernt hatten. Infolge der verschiedenen Ansätze und unterschiedlichen Erfahrungen,

---

[83] Vgl. u.a. A. Ancel, *5 ans avec les ouvriers. Témoignage et réflexions,* Paris 1963; *Christianisme et monde ouvrier,* hg. v. F. Bedarida, Paris 1975; T. Cavalin – N. Viet-Depaule, *Une histoire de la Mission de France. La riposte missionnaire 1941–2002,* Paris 2007; *La France pays de mission ? Suivi de „La religion est perdu à Paris",* hg. v. R. Dumont, Paris 2014.

die sie in den Quartieren und Fabriken machten, kamen die Mitglieder der Mission de Paris schließlich zur gemeinsamen Überzeugung, dass es notwendig sei, sich mit diesem in der Gärung befindlichen Universum gründlicher auseinander zu setzen. Musste man sich denn nicht mit diesem inzwischen erwachsen gewordenen Proletariat gemeinsam auf den Weg machen? War es nicht an der Zeit, dass die christliche Gemeinschaft ihre Wurzeln ins proletarische Vaterland, ... dieses einzigartige, geliebte Vaterland', senkte?"[84]

Man kann sich lebhaft vorstellen, dass das Aufeinandertreffen der kirchlichen Kultur der Arbeiterpriester, die in ihren kirchlichen Seminaren ausgebildet waren und aus kirchlichen Einrichtungen stammten, mit der Welt der Proletarier ziemlich mühsam war. Die Kämpfe um Frieden, gegen Arbeitslosigkeit und Ausbeutung boten sich als Gelegenheiten, bei denen die Priester direkt mit der kommunistischen Bewegung konfrontiert wurden und sie mit aller ihrer Organisationsstärke und messianisch-politischen Durchschlagskraft kennen lernen konnten. Dabei darf man nicht vergessen, dass die Jahre nach dem Zweiten Weltkrieg in Europa vom epochalen Wettkampf zweier gegensätzlicher Blöcke charakterisiert waren, der auf einen echten Zusammenstoß hinauszulaufen schien, nämlich zwischen der westlichen demokratischen Kultur (für die sich die Kirche aussprach) und dem kommunistischen Osten. Das war ein harter Kampf, der sich auf das gesellschaftliche Leben und die Kirche in all ihren Bereichen auswirkte. Die städtischen Peripherien mit ihren Elendsgebieten stellten ein Wählerreservat für die Linken dar:

---

[84] M. Margotti, *Preti e operai. La Mission de Paris dal 1943 al 1954*, Turin 2000, 149.

Das war die „rote Bannmeile" von Paris. Die Kirche dagegen rief, angefangen mit Pius XII., die Katholiken dazu auf, den Wahlkampf als eine Entscheidung für Kultur und Freiheit zu betrachten. Vermischungen seien nicht möglich: Entweder halte man zur Kirche oder man arbeite mit deren Feinden zusammen, also denjenigen, die in den kommunistischen Ländern das Christentum verfolgten. 1949 hatte die Kirche öffentlich erklärt, wer bewusst die marxistische Ideologie verbreite, ziehe sich die Exkommunikation zu.[85]

Standen die Gründe für den Kampf der peripheren Welt um ein besseres Leben im Gegensatz zu den Gründen der Kirche und des Glaubens? Wie war es für die in die Mission ausgesandten Priester möglich, die doppelte Zugehörigkeit zur Kirche und zur Arbeiterklasse zu leben? Wie war es möglich, Priester zu sein und gleichzeitig Arbeiter in der Peripherie, und dennoch der Kirche gegenüber gehorsam zu bleiben? Und wenn sich die Kirche gegen den Kommunismus stellte, sperrte sie sich dann nicht gegen die Befreiung der Menschen am Rand? Diese Fragen plagten die Arbeiterpriester, als 1954 die Anweisung von Pius XII. kam, die Priester müssten ihre Arbeit in den Fabriken aufgeben. Angesichts dieses Befehls des Papstes spaltete sich die Gruppe: Die Mehrheit entschied sich für die „Treue" zur Arbeiterklasse und weigerte sich, ihre Arbeit aufzugeben, wogegen eine Minderheit sich unterwarf. Innerhalb der Mission de Paris unterwarf sich André Depierre den Direktiven Roms, führte aber sein Experiment in Monteuil weiter. Dagegen bestanden viele darauf,

---

[85] Vgl. *Il decreto del S. Uffizio contro il comunismo. Commento ad uso dei parrocci e confessori*, hg. v. E. D'Agnese, Neapel 1949.

dass es für sie unmöglich sei, die Arbeit aufzugeben, weil ihnen das als Verlassen – wenn nicht sogar als Verrat an – der Arbeiterklasse vorkomme, und sie fürchteten, dass ihre Erfahrung im Grunde nur als ein Mittel zum Zweck betrachtet werden würde. Deswegen unterwarfen sie sich nicht. Zu ihnen gehörte auch Émile Poulat (der nicht in der Fabrik arbeitete), der damit anfing, die Dokumente über die Arbeiterpriester zu sammeln und in der Folge zu deren Chronisten wurde. Er war der Überzeugung, dass dieses Unternehmen, eine Geschichte der Peripherie und des Konflikts, es verdiene, erzählt und in der Erinnerung behalten zu werden, weil es eine Bedeutung habe, die weit über seine tatsächlichen Dimensionen hinausgehe.[86]

Ein Scheitern und viele Fragen

Auch wenn die Entscheidung von 1954 angesichts von Schwierigkeiten und gescheiterten Versuchen gefällt war, wirkt sie dennoch wie eine „Scheidung" von Kirche und Proletariat. In den Armenmilieus bestand anscheinend nur noch die Möglichkeit, einige katholische Festungen in Form von Pfarreien oder Vereinen aufrecht zu erhalten. Dagegen schien es praktisch nicht mehr möglich zu sein, von unten her christliche Gemeinden aufzubauen, die dank der Inkulturation des christlichen Glaubens in der Mentalität der Arbeiter und am Rand Lebenden entstanden wären. „Proletariergemeinden" erschienen jetzt als Ding der Unmöglichkeit, es sei denn, man wollte sich von

---

[86] Vgl. E. Poulat, *I preti operai*, a.a.O.; vgl. auch ders., *Les prêtres-ouvriers. Naissance et fin*, Paris 1999.

der Kirche trennen. Heißt das also, dass man sich unvermeidlich von der Kirche entfernt, wenn man sich in der Peripherie einwurzelt und deren Mentalität übernimmt?

Im Grund genommen folgten die Welt in der Peripherie und die Welt der Kirche zwei verschiedenen Logiken. Das war der Konflikt, der das Leben des Arbeiterpriesters zerriss: Er war praktisch in zwei Zugehörigkeiten aufgespalten. Diese Lektion lernten die Beobachter dieser kurzlebigen, aber intensiven Lebensform: Diejenigen, die teilnahmsvoll dieses Missionsabenteuer mitverfolgt, diejenigen, die diese Lebensweise vom politischen Standpunkt aus beobachtet, aber auch die, welche festgestellt hatten, dass sich die Existenz der Priester nicht an die Gepflogenheiten einer Randwelt anpassen konnte. Es hing von dem Standpunkt ab, von dem her man die Dinge einschätzte, wem man die Verantwortung für das Scheitern zuschrieb: der Hierarchie, Rom oder der kommunistischen Bewegung oder der Naivität der Arbeiterpriester oder der Waghalsigkeit von Kardinal Suhard ... Aber wahrscheinlich noch wichtiger als der Umstand, dass man den einen oder den anderen die Verantwortung zuschob, war die Feststellung, dass es bereits eine lange Geschichte der Distanz – oder besser: der Scheidung – zwischen der Kirche einerseits und der Welt der Peripherien und der Arbeiterklasse andererseits gab.

Die Arbeiterpriester erfuhren sich – wie bereits gesagt – als im Zwiespalt zwischen zwei Treuezugehörigkeiten steckend, die nicht miteinander kompatibel zu sein schienen. Die Welt der Peripherie mit ihren Dramen, jedoch auch ihrer messianischen Erlösungslogik (wie sie in der sozialistischen Bewegung zu finden war, die im Gegensatz zu derjenigen des Katholizismus und seiner Organisationen stand), schien diese Priester anzuziehen. Damit führte sie

sie weit weg von ihren Wurzeln, ihrer priesterlichen Identität, ihrer Treue zur Kirche und ihrem eigenen Milieu. Wollte man in die periphere Welt der Arbeiter eintreten, so war es gewiss notwendig, aus der kirchlichen Welt und ihren Gepflogenheiten herauszutreten – aber musste man dann auch seine Verwurzelung in der Kirche verleugnen, die ihre expliziten historischen Formen hat, vor allem auch für die Priester? Musste man sich in den politischen Horizont der Arbeiterklasse begeben? War die Kirche derart weit von der peripheren Welt weg und so sehr in den Modellen einer „bürgerlichen Gesellschaft" verankert, dass es ihr nicht gelang, in dieses andere Universum hinein vorzustoßen?

Die kurze Geschichte der Arbeiterpriester ist eine „große" Geschichte, denn sie brachte eine ganze Reihe der Probleme des Christentums des 20. Jahrhunderts wieder neu aufs Tapet: das Verhältnis zwischen der Kirche der Stadt und der Peripherie, zwischen Mission und Pfarrei, zwischen Zugehörigkeit zur Kirche und Teilnahme an der sozialistischen Bewegung und revolutionären Kämpfen (was dann nach dem Zweiten Vatikanischen Konzil in Europa, aber auch in Lateinamerika zu einer Kernfrage wurde). Von den Arbeiterpriestern war dann zwar kaum mehr die Rede, aber von zahlreichen Erfahrungen des Engagements für die Freiheit, auf das sich Christen in den darauf folgenden Jahren einließen. Das hängt dann auch mit der Problematik des Verhältnisses der Christen zum Marxismus zusammen, der zur Ideologie des Kampfes und der Befreiung eines beträchtlichen Teils der peripheren Welt geworden war. Das sind Probleme, die nach 1989 und nach der Krise der Ideologie scheinbar an Bedeutung verloren haben, aber in den Jahrzehnten nach dem Krieg und nach dem Zweiten Vatikanischen Konzil wurden sie für diejenigen Christen drängend, die sich darauf einlassen wollten, sich unter den am Rand Lebenden einzuwurzeln. Durfte man sich beim leidenschaftlichen Einsatz für die Peripherien auf irgendeine Weise auf politisches Handeln und irgendeine Ideologie einlassen?

In einer Welt wie derjenigen der *banlieu* von Paris begegneten sich zahlreiche dramatische Dimensionen der Geschichte des 20. Jahrhunderts: Armut, Ausbeutung, unmenschliche Arbeitsbedingungen, unzureichende Wohnverhältnisse, Wunsch nach Befreiung, aber auch Resignation vor einem Schicksal, das nicht veränderbar ist, Ausgrenzung von Frauen, mangelhafte Schulbildung für Kinder, Kinderarbeit. Die grundlegende Intuition der Arbeiterpriester war es gewesen, dass es notwendig sei, mit den Menschen diese ihre Realität in allen ihren Dimensionen zu teilen und aus dem Inneren der peripheren Welt heraus die Kirche neu erwachsen zu lassen. Die Geschichte verläuft nicht so, dass sie vom Zentrum her ausstrahlt, um dann in geradliniger Bewegung alle Peripherien zu erfassen. Das Christentum hat sich vielmehr in seiner zweitausendjährigen Geschichte immer wieder einmal von den Rändern her bewegt und ist sogar von diesen her gereift. Das Scheitern der Arbeiterpriester Mitte der 1950er Jahre zeigt das Versagen des Christentums, sich in den Randwelten einzuwurzeln. Es zeigt auch klar und deutlich – und das ist ein Thema, das noch gründlich bedacht werden müsste –, dass die kirchliche territoriale Organisation (die so sehr der politisch-administrativen der Staaten gleicht) nicht mehr der Realität entspricht und diese nicht mehr richtig wahrnimmt.

Ein Ort der Prüfung für die zentrale Bedeutung des Christentums

Für die Generationen, die im reifen Erwachsenenalter die Nachkriegszeit erlebt und die Schrecken des Konflikts mitgemacht haben, stellten die Peripherien eine große humane und religiöse Herausforderung dar. Auf diesem Mutterboden reifte der missionarische Schwung der Arbeiterpriester, von denen nicht wenige während der Besatzung Frankreichs die Lebensverhältnisse ihrer Landsleute als deutsche Zwangsarbeiter mitgemacht hatten. Sie waren als Priester zu den französischen Arbeitern ausgesandt worden, um mit ihnen zu arbeiten und sie pastoral zu betreuen. Über dreihundert französische Priester und viele Seminaristen hatten beschlossen, heimlich die Zwangsarbeit der Gefangenen zu teilen und hatten so das Lagerleben miterlebt. Henri Perrin erzählt in seinem Tagebuch als Priester und Arbeiter in Nazi-Deutschland die Geschichte eines anderen Priesters, der seine Mission unter den zur Zwangsarbeit in deutschen Lagern Verurteilten folgendermaßen kommentiert hatte: „Ich bin einfach aus Solidarität mit der französischen Arbeiterklasse hierher gekommen.“[87] Pater Perrin starb in Mauthausen, nachdem er wegen seiner priesterlichen Aktivität unter den Arbeitern verhaftet worden war. Er hatte geschrieben:

„Sollte der Herr sein Zelt wieder neu unter uns aufrichten, so glaube ich, dass er dazu unsere Werkstätten und Lager

---

[87] Henri Perrin, *Journal d'un prêtre ouvrier en Allemagne*, Paris 1945, 305. Deutsch: *Tagebuch eines Arbeiterpriesters*, Hamburg 1964.

aufsuchen würde. Und er würde nicht an einem Kreuz enden,
sondern in einem Konzentrationslager."[88]

Das Lager ist die extremste Peripherie. Unter den Bedingungen der radikalen Entblößung und sozusagen der
existentiellen Randständigkeit, für die das Konzentrationslager typisch ist, sah Pater Perrin die Präsenz Jesu, der
sich im Häftling oder Hungernden oder Nackten wie-
dererkennt und betrachtete ihn als echten Freund der
menschlichen Peripherien. Peripherien gibt es nicht nur
in den Städten als Milicus des städtischen Proletariats
und an den Orten der Armut und Ausbeutung, wie sie
bisher beschrieben wurden. Während des Kriegs und in
den totalitären Regimen gab und gibt es noch viel extre-
mere Peripherien: Die Lager und die Gulags. Geneviève
de Gaulle Anthonioz, eine Nichte von General de Gaulle
und in Frankreich nach dem Zweiten Weltkrieg eine sehr
aktive Persönlichkeit auf der Ebene des sozialen Engagements, war von den Deutschen ins Konzentrationslager
Ravensbrück deportiert worden. Dort war sie unter anderem mit der russischen Klosterfrau Mat'Marija zusammen,
die in Paris verhaftet worden war, weil sie in ihrem Haus
einige Juden versteckt hatte. Als Geneviève de Gaulle
dann nach dem Zweiten Weltkrieg die Elendsviertel der
französischen Hauptstadt erlebte, hatte sie den lebhaften
Eindruck, als begegne sie dort wieder der Welt des Konzentrationslagers, die sie während ihrer Gefangenschaft
erlebt hatte. Sie schrieb: „Als ich zum ersten Mal in dieses
große Elendsviertel kam, einem einzigen Weg durch den

---

[88] A. Riccardi, *Il secolo del martirio. I cristiani nel Novecento*, Mailand
2000, 126.

Schlamm, ohne Licht, musste ich unwillkürlich ans Lager denken, nämlich das andere, das in Ravensbrück."[89]

Die Nebeneinanderstellung der Lebensumstände der extremen Peripherie mit denjenigen des Lagers, die Geneviève de Gaulle Anthonioz unwillkürlich vornimmt, ist nicht fiktiver oder rhetorischer Natur. Zwar handelt es sich zweifellos um verschiedene Umstände, aber es gibt eine Analogie, nämlich die, dass die Menschen vom Leben ausgeschlossen werden, das auf anderen Ebenen geführt wird. Die Generation, die den Schrecken des Lagers und das Drama der Schoah erlebt hat, trägt einen ganz besonderen Sinn für das Leben mit sich, der tief und tragisch ist. Sie weiß, was es heißt, auf extreme Weise von der menschlichen Gemeinschaft ausgeschlossen zu sein, und zwar unter Umständen der Ausgrenzung im System des Konzentrationslagers, das es in vielen Winkeln Europas gab. Die Kriegs- und Nachkriegsgeneration verfügt über ein tiefes Gespür für das Drama der Erniedrigung der Menschenwürde.

Das Konzentrationslager und der Gulag sind die extreme Peripherie des Humanen. Viele haben sich schon gefragt, was es bedeutet, im nazistischen Lager zu glauben, zu lieben und zu beten, und was denn unter solchen Umständen vom Menschsein des Einzelnen noch übrig bleibt. Die gleichen Fragen stellten sich auch im sowjetischen Gulag. Das lässt sich an der Geschichte Alexander Solschenizyns verstehen, der dem Prozess der Enthumanisierung durch das Konzentrationslagersystem die Stirn bot, und dies dank seiner Bewusstseinsstärke, seines Glaubens

---

[89] G. de Gaulle-Anthonioz, *le secret de l'espérance*, Paris 2001, 15 f.; F. Neau-Dufour, *Geneviève de Gaulle-Anthonioz: l'autre De Gaulle*, Paris 2004, 156.

und seiner literarischen Berufung. Solschenizyn entdeckte während seiner Haft in sich eine Widerstandskraft, die auch unter Umständen der schlimmsten Erniedrigungen durchhielt. Er schrieb:

> *„Jetzt glaube ich an mich selbst und meine Kräfte, die dazu ausreichen, alles zu überleben. Ich habe aus persönlicher Erfahrung begriffen, dass die äußeren Umstände des Lebens eines Menschen das Wesentliche seines Lebens nicht erschöpfen können, ja mehr noch: Es ist sogar so, dass sie von sich aus dieses Wesentliche nicht definieren und nicht ausmachen."*[90]

Aber zuweilen spalten solche dramatische Erfahrungen das Leben von Menschen. Auch wenn diese dann zwar überleben können, sind sie dennoch von dem, was sie durchgemacht haben, zutiefst gezeichnet. Es lässt sich nicht leugnen, dass diese Peripherie der Konzentrationslager im 20. Jahrhundert eine wahre Hölle dargestellt hat. Das ist die dramatische Geschichte der schlimmsten Ausgrenzung von Menschen, die im System dieser Konzentrationslager gipfelt, dieser wahren, letzten und dramatischsten Peripherie des Lebens und der Gesellschaft.

Aber sogar darin gab es Flehen zu Gott und Glauben. Es gibt da zum Beispiel die Geschichte von Baracke 10 des Lagers Dachau, in dem nicht nur katholische Priester, sondern auch Ordensleute verschiedener christlicher Konfessionen versammelt waren. Man erlebte dort Gebet, Begegnung, Ökumene, wie es zum Beispiel die Lebensbeschreibung von Giuseppe Girotti schildert, der verhaftet und deportiert worden war, weil er Juden geholfen hatte. Girotti ist ein Märtyrer, der in Dachau ums Leben kam.

---

[90] L. Saraskina, *Solženicyn*, Cinisello Balsamo 2010, 560.

Jedoch erlebte er in dieser Hölle eine künftige Ökumene für die Kirche mit einem Blick voller Hoffnung und Erwartung gegenüber anderen Christen. Diese Sichtweise war so ganz anders als das tendenziell negative Urteil des kirchlichen Zentrums in jenen Jahren.[91] Es gibt tatsächlich eine Ökumene des Martyriums und des Leids unter extremen Bedingungen. In ihr kommt eine Einheit ans Licht, die stärker ist als alle historischen Spaltungen.

Der italienische Priester Roberto Angeli saß lange im Konzentrationslager Mauthausen ein und schrieb über die Anwesenheit der Priester im Lager:

„Vielleicht war es notwendig, dass in diesen Stätten des Schreckens und Todes Priester waren … Wir zelebrierten nicht die Messe. Aber morgens, beim Appell, wenn auf dem Lagerplatz zwanzigtausend leidende Männer ihren Tag voller unbeschreiblicher Leiden antraten, standen wir dort, um unseren Auftrag als Vermittler zwischen Gott und der Menschheit zu erfüllen. Dieses wimmelnde Lager war wie eine große Patene, kostbarer als die Goldpatenen unserer Kirchen … Ja, es brauchte an diesen Plätzen den Priester. Er musste diesen ganzen unendlichen Schmerz einsammeln und Gott hinhalten."[92]

Don Angeli hatte mit diesen Empfindungen in diesen extremen Peripherien des Lebens, die der Mehrheit der Europäer verborgen blieben, so vieles erlebt, was vergessen zu sein schien. Tatsächlich ist das System der Konzentrationslager eine lange recht übersehene Peripherie geblieben und das vor allem deshalb, weil es für totalitäre

[91] Vgl. V. Morello, *Morire per i „fratelli maggiori"*. *Una vita nella carità fino al martirio. Padre Giuseppe Girotti o.p. (Alba 1905-Dachau 1945)*, Bologna 1995, 154.

[92] A. Riccardi, *Il secolo del martirio*, a.a.O. 132.

Regimes typisch ist, solche Einrichtungen verborgen zu halten. Es war eine Welt, aus der nur äußerst selten Stimmen und Zeugnisse nach außen durchdrangen.

Die Geschichte des christlichen Martyriums in den Konzentrationslagern und Gulags bringt uns mit einer entsetzlichen Welt in Kontakt, aber zugleich auch mit einer Realität des Glaubens und Menschseins, die aus dem christlichen Widerstand gegen das Böse und die Zerstörung des Menschen erwächst. Man konnte sogar in dieser Peripherie menschlich bleiben, selbst wenn die Menschen darin sehr häufig zerstört wurden. Ein junger Albaner aus Scutari, Gjovalin Zezaj, der in Albanien lebte, dem kommunistischen Staat, der als erster 1967 das Verbot jeglicher Religionsausübung verhängte, schrieb die Erinnerungen an seine lange Gefangenschaft auf. Er schrieb von der Gestalt eines der von der Folter zerstörten Häftlings: „Es kam ein Häftling herein, von den Armen anderer gestützt, der anscheinend viel gefoltert worden war, denn er konnte nicht mehr auf seinen eigenen Beinen stehen. Zwischen den Zähnen hörte ich ihn sagen: Hier ist tatsächlich die Hölle."[93]

Das kommunistische Konzentrationslagersystem war Teil des Projekts, eine Gesellschaft zu schaffen, in der alle gleich sind, ein „Paradies", das zu einer wahren Hölle auf Erden wurde. Die Hölle gibt es in der Geschichte tatsächlich; nicht wenige Menschen sind in sie geraten. Das ist ein Kapitel des Lebens in der Peripherie, in dem es nicht möglich war, eine religiöse Präsenz vorzusehen, sondern der Widerstand der Menschen beruhte auf der Kraft der Einzelnen.

---

[93] G. Zezaj, *Genocidio medievale nel xx secolo*, Scutari 2014, 29.

So hat die Erfahrung der Hölle des Konzentrationslagers sehr viele schmerzlich geprägt. Doch ist die Hinwendung der Christen nach dem Zweiten Weltkrieg und in den Jahren des Konzils zu den Peripherien auch der dramatischen Erfahrung einer Generation zu verdanken, die aus der Nähe oder von Weitem erlebt hat, wie mit dem System der Konzentrationslager Randwelten eingerichtet worden waren. Das ist ein Thema, das noch besser untersucht und verstanden werden müsste. Aber jedenfalls muss festgehalten werden, dass es eine Generation gab, die extremes Leid erfahren hat und es deshalb besonders stark als Skandal empfunden hat, dass Randgruppen ausgegrenzt wurden. Wie bereits gesagt, hatten nicht wenige der Arbeiterpriester auf die eine oder andere Weise die schmerzlichen Lebensverhältnisse des Zweiten Weltkriegs deutlich vor Augen gehabt. Papst Johannes Paul II. hat zwar nicht persönlich die Lagererfahrung mitgemacht, aber in Polen aus nächster Nähe das Drama des Kriegs miterlebt. Deswegen war er zur Überzeugung gekommen, dass seine Generation eine ganz besondere Verantwortung dafür habe, sich energisch um den Frieden und mehr Menschlichkeit in der Welt zu bemühen.[94]

Die Mystik der Peripherie

Es gibt eine Anziehungskraft hin zu den Rändern der Welt. Man denke da zum Beispiel an Charles de Foucauld, den Eremiten und Mann des Gebets, der ganz allein im

---

[94] Vgl. A. Riccardi, *Giovanni Paolo II la biografia* 412–463; Giovanni Paolo II, *Mi hai gettato nella fossa. Il dovere di ricordare*, Vatikanstadt 1990.

Herzen der Sahara starb. Er wurde zum Bezugspunkt für viele, die sich nach ihm auf den Weg in die Peripherien des 20. Jahrhunderts machten, um dort ein Leben des Gebets, des Teilens der Armut mit anderen und der Freundschaft mit ihnen zu widmen. Das ist die Lebensform der religiösen Gemeinschaften, die sich um die Persönlichkeit von René Voillaume und der *Kleinen Schwester* Madeleine gruppierten. Es gibt recht viele andere, die sich auf unterschiedliche Weisen auf deren beispielhaftes Zeugnis bezogen haben. Die Sahara ist für Foucauld und seine Nachfolger die wahre Peripherie ihrer Welt, in der sie Gott suchen.

Laut René Voillaume, dem Gründer der *Kleinen Brüder Jesu*, unterscheidet sich die Intuition von Bruder Karl von Jesus über ein christliches Leben zutiefst von derjenigen der Mönche, auch wenn er ein vor allem im Gebet wurzelndes Leben führte. Dabei ging es ihm nicht um die Trennung von der Welt, sondern um die unmittelbare Nähe zu den Lebensverhältnissen der Armen und am Rand Lebenden. Solche waren die Tuareg der Sahara, unter denen Foucauld lebte und in deren Mitte er 1916 starb. Voillaume schreibt bezüglich Foucaulds in einem für das Verständnis seiner Erfahrung und seiner Ziele grundlegenden Buch mit dem bezeichnenden Titel *Au coeur des masses* (ins Deutsche übersetzt *Mitten in der Welt*, Freiburg 1955): „Dies ist das Neue, [er] will dass seine Kleinen Brüder sich in kleinen Gruppen ohne Klausur unter die Menschen begeben und das harte Leben der Armen teilen."[95] Und er fügt die Frage an die Kleinen Brüder ein, die sich auf den Weg von Bruder Charles begeben wollen:

---

[95] R. Voillaume, *Mitten in der Welt*, Freiburg i. Br. 1955, 16.

„Ihr lebt mitten unter den Armen. In dem Maße, als ihr ihre Lebensbedingungen teilt, fühlt ihr auf ganz neue Art und am eigenen Leib die Ungerechtigkeit ihrer Lage: die ungenügenden Löhne und mehr noch die Gleichgültigkeit der Besitzenden und derer, die das ganze Problem ins Harmlose ziehen ... Denken wir an die vielen Sorgen der notleidenden Familien, der jungen Leute, die an einer aussichtslosen Zukunft verzweifeln, der unbekannten Kranken in den Krankenhäusern und Sanatorien und auf der andern Seite an die friedliche Ruhe und die Sattheit einer großen Anzahl von Christen." [96]

Dennoch mischten sich die Kleinen Brüder und Schwestern Jesu auf dem Weg von Bruder Charles de Jésus nicht in den politischen oder gewerkschaftlichen Streit ein, sondern widmeten sich ganz ihrem Vorhaben, die Lebensbedingungen der Menschen am Rand zu teilen und sich mit diesen zusammen verletzlich zu machen. Das war also ein Gleichförmigwerden mit dem Leben in den Peripherien der Arbeiter und der Armen in vielen Teilen der Welt und zugleich die Lebensbedingung der Wüste, in der Foucauld gestorben war.

Die Wüste gibt es nicht nur in der Sahara (die für die Kleinen Schwestern und Brüder jedoch ein wichtiger Bezugspunkt bleibt), sondern es gibt sie auch in den Peripherien der Städte, in den Ländern der Armen und in den Häusern der Ausgeschlossenen auf der ganzen Welt. Das ist eine Mystik der Wüste, die man in den Peripherien der Menschheit lebt:

„Die ‚Wüste' und ‚Nazaret': Beides zusammen ohne Kompromisse zu leben, in totaler Liebe zu Gott und den Men-

---

[96] Ebd. 184.

schen, das sind die beiden Elemente, die den Reichtum unseres Lebens ausmachen und es liebenswert machen werden. Man würde das Leben der Kleinen Brüder schlecht verstehen, wenn man bei der offensichtlichen Schwierigkeit ihres Arbeitslebens stehen bleiben würde. Wenn ein kontemplatives Leben den Kleinen Brüdern die Kraft dazu verleiht, eine Einheit zwischen ihrem Leben für Gott und für ihre Arbeit zu festigen, dann ist der Grund dafür die ‚Wüste‘. Das ist die große Lektion von Bruder Charles de Jésus …"[97]

Voillaume schließt (und hat, während er schreibt, bereits die Krise im Auge, die 1954 durch das Ende der Arbeiterpriester entstand):

„Wir können vieles wagen, indem wir uns unter die Menschen mischen, denn wir kommen aus der Wüste und kehren dorthin zurück. Aber diese beiden Leben sind keine einander widersprechenden oder abwechselnd nebeneinander gesetzten Leben, sondern sie sind vereint in ein und derselben Geisteshaltung der Armut und des Lebens aus der Eucharistie sowie in ein und demselben Wunsch, die Seelen durch die dringende Fürbitte eines einsamen Gebets zu retten."[98]

Voillaume erlebte den Riss zwischen dem Ende der Arbeiterpriester und der Konfrontation mit dem Klassenkampf mit. Darüber wird unter den Kleinen Brüdern diskutiert, doch gegenüber dem Kampf, der durchaus seine gerechten Gründe haben mochte, unterstrich er den Primat der universalen Liebe, die man in der Peripherie lebt. 1950 schrieb er: „Ihr müsst in der Liebe mit jedem Men-

---

[97] R. Voillaume, *Charles de Foucauld e suoi discepoli*, Cinisello Balsamo 2001, 541.
[98] Ebd. 556.

schen nicht das suchen, was trennt, sondern was eint." Das war eine Formulierung, die Johannes XXIII. gern gebrauchte (allerdings nicht von Voillaume entlehnt hatte). Sie hatte das Herz seiner diplomatischen Methode ausgemacht.[99]

Die Welt des Proletariats ist angesichts der Sahara von Foucauld die zweite Wüste. Von daher gesehen entdecken die Kleinen Brüder und Schwestern Jesu viele weitere Wüsten und dehnen ihre Fraternitäten in viele Teile der Welt aus: in die Milieus der Armen, in die menschlichen und sozialen Peripherien, in die ganz am Rand liegenden Länder. Das Leben der Armen zu teilen, war – im Jahr 1947 – für die Kleine Schwester Madeleine ein Appell an die Universalität, die ganz verschiedene Gesichter annehmen kann: „Es heißt unserem kleinen geschlossenen Kreis von Frankreich fern sein, wo man so leicht des Glaubens sein kann, er sei das Zentrum von allem." Madeleine entwarf im Licht der Peripherien und der Suche nach den Letzten unseres Planeten, unter denen sie ihre Fraternität einrichten wollte, auf ihre Weise eine geistliche Geopolitik. 1950 schrieb sie: „Seht euch die Weltkarte an. Was wir durchmachen, ist eine Kleinigkeit. Und vor allem werft in der Welt euren Blick auf die Zahl aller Unglücklichen, die uns rufen: die Eingesperrten, die Deportierten, die Lumpensammler, die Tellerwäscher …"[100]

---

[99] A. G. Roncalli, *Discorso ai veneziani, 15 marzo 1953,* in A. G. Roncalli-Giovanni XXIII, *Pace e Vangelo, Agende del Patriarca, vol. 1: 1953–1955,* hg. v. E. Galavotti, Bologna 2008, 24; vgl. A. Riccardi, *L'uomo dell'incontro. Angelo Roncalli e la politica internazionale,* Cinisello Balsamo 2014.

[100] Piccola sorella Magdeleine, *Il padrone dell'impossibile,* Casale Monferrato 1994, 222.

Im Abenteuer der Kleinen Schwestern und der Kleinen Brüder mit ihrer Lebensart steckt eine Utopie, nämlich die einer anderen Art und Weise, auf den Wegen der Welt Christen zu sein, dieser Welt, die in vielen ihrer Teile zu einer Wüste der Menschlichkeit verkommen ist: „Es ist notwendig, dass wir Neues aufbauen; Neues, das alt ist, so alt wie das echte Christentum der ersten Jünger Christi. Es ist notwendig, dass wir das Evangelium wieder Wort für Wort ernst nehmen. Es ist so schmerzlich, mit anzusehen, wie sehr es in Vergessenheit geraten ist."[101] Auch Pater Voillaume schlägt in seinem letzten Buch eine Marschrichtung vor, die man einschlagen sollte, um das Christentum zu erneuern. Sein erster Vorschlag ist einfach: Wenig Neues und Friedfertiges lässt sich in der Kirche zustande bringen, wenn das nicht in Kommunion mit ihr geschieht. Diese Erfahrung hat er gemacht und inmitten zahlreicher Schwierigkeiten durchlebt. Er fährt fort: Für die schwierigen Problematiken der heutigen Welt hat der Christ keine Patentlösungen, sondern er weiß, dass für ihn die angemessene und menschliche Weise dafür, in die Zukunft zu blicken, das Gebet ist. Und er schreibt: „Vielleicht treten wir in ein Zeitalter der Menschheitsgeschichte ein, das die Zeit des Mitleids in der Unfähigkeit ist, für die anstehenden Probleme Lösungen zu finden. Da wird es dann mehr denn je notwendig sein, uns im Fürbittgebet hinzugeben …".[102] Für Voillaume sind die bevorzugten Stätten des Fürbittgebets nicht die Klöster, sondern die Peripherien.

---

[101] Ebd. 201.

[102] R. Voillaume, *Charles de Foucauld e i suoi discepoli* a.a.O. 556.

Sant'Egidio: die Vorstädte und die Stadt

Das Zweite Vatikanische Konzil steht – mit dem beschwörenden Ausdruck von Papst Franziskus gesprochen – wegen seiner ausdrücklichen Sympathie für die Welt für einen Schub in Richtung des „Herausgehens" aus den kirchlichen Institutionen, aber auch aus dem eigenen Milieu. Die Geschichte dieses Auszugs ist vielfältig und komplex, genau wie es auch die einzelnen Geschichten darin sind. Aus dem Geist des Konzils erwuchs eine tiefgreifende Neuausrichtung, ja Leidenschaft von geradezu Generationen übergreifendem Ausmaß, die in allen Bereichen der Kirche auf vielfältige Weisen neue Keime trieb. Das Konzil weckte eine Leidenschaft für die Peripherien. Viele der Geschichten darüber muss man erst noch entdecken und genauso auch noch vieles, was heute im Gang ist.

Auf Grund meiner persönlichen Geschichte ist es für mich unmöglich, in diesem Zusammenhang nicht auch vom Weg der Gemeinschaft von Sant'Egidio zu erzählen, die zunächst in Rom entstanden ist und inzwischen weltweit wirkt, heute mit einer besonderen Präsenz in Afrika. Sie entstand in der Zeit nach dem Konzil und zwar in den Jahren nach 1968. Ein 1987 mit einem Vorwort von Kardinal Martini veröffentlichtes kleines Buch mit dem bezeichnenden Titel *Vangelo in periferia* („Evangelium in der Peripherie") enthält eine Reihe von Besinnungstexten über die Bibel, die aus der Erfahrung der Gemeinschaft mit der Peripherie von Rom erwachsen waren.[103] Die genannte Peripherie war diejenige der römischen Vorstädte, in denen sich seit den Jahren des Faschismus die Rand-

---

[103] Comunità di Sant'Egidio, *Vangelo in periferia*, Brescia 1987.

gruppen der Hauptstadt verdichtet hatten und zwar im Verlauf des Prozesses, den der Soziologe Franco Ferrarotti treffend mit der Formulierung *Roma da capitale a periferia* („Rom: von der Hauptstadt zur Peripherie") definiert hat.[104] Nach dem Zweiten Weltkrieg hatten infolge einer ständigen Zuwanderung aus Süditalien die Peripherien Roms immer größere Ausmaße angenommen, wodurch die Stadt ihr Gesicht veränderte. In diesen Jahren schossen Baracken, Wohnstätten und regelrechte Elendsviertel aus dem Boden, die in mancher Hinsicht Rom das Aussehen wie einer Großstadt in der Dritten Welt gaben. Zwei Wissenschaftler schrieben damals über die Lebensverhältnisse in der Hauptstadt:

> „Das ist eine schmerzliche Aufreihung von Menschen, die so ganz anders ist als die Bilder, welche die Sensationspresse über Prostituierte, Diebe und Kuppler verbreitet. Gewiss, es gibt dort auch solche, aber sie bleiben im Hintergrund gegenüber den schwarzen, bärtigen und wortkargen Gestalten der Bauern aus Kalabrien, den Abruzzen und Sizilien, von denen jeder seinen eigenen Dialekt und den Duft seiner Heimaterde an sich hat ..."[105]

In den 1960er und 1970er Jahren konnte man deutlich die tiefe Kluft zwischen der „regulären" Stadt und dem Rom der Baracken und Vororte wahrnehmen. Die Zahl der Barackenbewohner wurde auf zwischen 30 000 und 100 000 geschätzt, während die Bevölkerung der Vororte ungefähr 600 000 Personen umfasste. In dieser Welt befanden sich auch die aus dem Zentrum Verdrängten (die man

---

[104] F. Ferrarotti, *Roma da capitale a periferia*, Rom-Bari 1972.
[105] P. Della Seta – G. Berlinguer, *Borgate di Roma*, 1976, 287.

zur Zeit des Faschismus vertrieben hatte, um eine faschistische Stadt bauen zu können), also verarmte Römer, neben Menschen jeglicher Herkunft und Eigenart. Zu ihnen kamen dann auch noch die unaufhörlich nach Rom einströmenden Immigranten aus dem Mezzogiorno dazu, in Armut lebende Menschen und Gelegenheitsarbeiter, die sich häufig mit heruntergekommenen Wohnmöglichkeiten zufrieden geben mussten. Aus ihren Reihen fand das Baugewerbe von Rom, das maßgebliche Unternehmen der Hauptstadt, seine Arbeiter und bot diesen häufig nur einen Hungerlohn an.

Diesen Milieus ist die Kirche im Allgemeinen nicht nahe, selbst wenn es manche eindrucksvollen Dienste geben mag, die meistens Hilfscharakter haben. Im besten Fall entsteht eine Art Kundenverhältnis dieser Menschen zu den kirchlichen Institutionen, von denen sie manche Hilfe für ihre Kunst des sich Arrangierens erhalten können, wie sie für die römischen Peripherien typisch ist. Aber die meisten Menschen aus diesen Baracken bleiben der Sonntagsmesse der Pfarreien fern. Selbst wenn die Pfarrei diesen Armenwohnungen geografisch ganz nahe liegt, ist das dennoch nicht ihre Welt. In katholischen Milieus fühlen sie sich nur schwer daheim, obwohl nicht wenige von ihnen sich irgendeine Form der religiösen Frömmigkeit bewahrt haben. Hierbei sind viele Elemente im Spiel: eine traditionelle Distanz zur Kirche (die zuweilen einem neuen oder alten Antiklerikalismus entstammt), eine Distanz von der Institution, zu der sie infolge des Verlassens ihres eigenen Grund und Bodens geraten sind, und eine nicht gelingende Kommunikation zwischen den Formen des Pfarreilebens und der Kultur der „borgatari", der „Vorstadt-Leute".

Bei den Menschen in der Peripherie gibt es eine Volksfrömmigkeit, aber im Allgemeinen bewahrt sich jeder
diejenige seiner eigenen Heimat und integriert sich nicht
in die religiöse Welt Roms. Ende 1974 veranstaltete die
Kirche von Rom eine große Tagung über die Übel der
Stadt, aber bis dahin hatten diese Lebenswelten der Armen der Kirche nicht besonders am Herzen gelegen. Sie
hatten nicht im Zentrum ihrer Aktivitäten gestanden,
auch wenn es die eine oder andere bemerkenswerte Institution oder Initiative gegeben haben mochte.[106]

Es war die italienische kommunistische Partei mit ihren
Basisgliederungen, die sich zum guten Teil der Sehnsucht
nach Emanzipation und Erlösung der peripheren Welt annahm, so dass sie 1975 sogar die Kommunalwahlen ge-
wann. In Rom stellte dies eine einmalige Tatsache dar, die
zudem in mancher Hinsicht für die Katholiken erschüt-
ternd war, die seit der Zeit nach dem Zweiten Weltkrieg
immer die Stadtregierung inne gehabt hatten. Nach 1968
hatte sich die Welt der römischen Peripherie mit Komi-
tees und Vereinen bevölkert, die der hochgekommenen
politischen Linken zugehörten, auch unabhängig von der
kommunistischen Partei: Diese belebten die sozialen, politischen und selbst organisierten Aktivitäten.

Nach dem Zweiten Vatikanischen Konzil wandte sich
in einer dank des konziliaren Frühlings in Bewegung geratenen christlichen Welt die Gemeinschaft Sant'Egidio
mit besonderer Aufmerksamkeit den Peripherien zu. Sie
war 1968 von Studenten eines Gymnasiums im Zentrum
von Rom gegründet worden. Begonnen hatte sie mit ei-

---

[106] Siehe M. Impagliazzo, *La diocesi del papa. La Chiesa di Roma e gli anni di Paolo VI (1963–1978)*, Mailand 2006,141–164.

nem solidarischen Einsatz besonders für Kinder (die häufig nicht die Pflichtschule besuchten), für Alte und für die Ärmsten. So waren es damals vor allem Jugendliche als Mitglieder einer Gemeinschaft in ihren ersten Anfängen, die in die am Rand liegende Welt ihre Lebenslust und die Bereitschaft trugen, in Solidarität mit anderen zu leben und die bei den Ärmsten den Wunsch nach Befreiung weckten und das mit einer menschlichen Nähe, die bis dahin undenkbar gewesen war.

Für die Mitglieder von Sant'Egidio waren die Menschen in der Peripherie die Armen, die in den Mittelpunkt des christlichen Lebens gestellt werden mussten. Es sei notwendig, eine andere Kirche zu verwirklichen, in der sich die Armen daheim fühlen konnten. Sie sollten nicht länger an den Rändern bleiben, wie das damals im Leben vieler Pfarreien der Fall war, und auch nicht bloß Klienten der christlichen Hilfseinrichtungen sein. Hieß das nicht, eine zur Ortskirche oder den Pfarreien parallele Einrichtung zu schaffen? Die Gemeinschaft empfand schmerzlich die Distanz zwischen Roms peripherer Welt und der christlichen Realität Roms, und vor allem das Fehlen eines lebendigen Zeugnisses für das Evangelium, das einer recht harten Existenz Hoffnung hätte geben und eine diffuse Religiosität hätte evangelisieren können. Die diözesanen Einrichtungen verliefen zu dieser Welt parallel. Der Ausgangspunkt war die Frage nach dem Evangelium in der Peripherie. Von da aus sollte ein religiöser und gemeinschaftlicher Weg ansetzen, auf dem man sich nicht scheuen wollte, innerhalb dieser Welt und in ihr verwurzelt zu sein und die Fernen wieder den kirchlichen Institutionen nahezubringen. Die Arbeit von Sant'Egidio bestand im Lauf der Jahre darin, in den peripheren Welten, den Wohnquartieren und Vorstädten eine Reihe von christlichen Gemeinschaften zu gründen, in denen sich die Armen zuhause fühlten und man damit anfing, das Programm Jesu zu verwirklichen, das er in der Synagoge von Nazaret angekündigt hatte: „den Armen die gute Nachricht zu bringen" (Lk 4,18). Die Versammlungsräume waren häufig sehr bescheiden und lagen mitten im Leben und zwischen den Wohnungen: Man eröffnete im Schatten der Wohnhäuser oder in provisorischen Räumen Orte der Begegnung, wo man das Evangelium las, Liturgie feierte und betete und zugleich Bande der Solidarität und der persönlichen Freundschaft schloss und neue Formen der Nachbarschaft unter den ausgegrenzten Menschen entwickelte. Das war eine kleine „Geschichte", die recht unbedeutend zu sein schien, aus der jedoch etwas Wichtiges erwuchs: die Fruchtbarkeit des Evangeliums, das man in der Peripherie las und lebte.

In diesen Gemeinschaften gab es zahlreiche Frauen, auf denen der Großteil der Last der tagtäglichen Schwierigkeiten und familiären Probleme lag. Das waren die am weitesten an den Rand Gedrängten, gezeichnet vom Nachteil ihrer Situation als Frauen und von einer tiefgreifenden Abhängigkeit von ihren Männern. Häufig belastete das Drama der heimlichen Abtreibung ihr Leben und ihre Gesundheit. Kaum verborgen, sondern recht präsent und ständig wiederkehrend war, dass sie Gewalttätigkeiten ausgesetzt waren. In den 1960er Jahren war in Rom das Los der Frauen sehr hart und es fand sich bei ihnen ein signifikantes Ausmaß von Analphabetismus.[107] Die Frau

---

[107] Als Einblick in das Alltagsleben der römischen Vorstädte, insbesondere Primavalle, wo die erste der Gemeinschaften von Sant'Egidio entstand, siehe R. D'Anna, *Lotto 25. Chi ha ucciso Annarella Bracci?*, Rom 2013.

lebte in den Vorstädten oft viel stärker als der Mann in einer Situation der faktischen Ausgrenzung: Ihr Horizont war die Peripherie, das kleine Milieu des Wohnquartiers, abseits, zumal die Stadt weit weg war. Der einzige Weg, um aus dieser Welt herauszukommen und finanzielle Autonomie zu erlangen, war häufig der, irgendwo Hausgehilfin zu werden. In den Gemeinschaften, die in der Peripherie entstanden, fanden die Frauen ihre eigene Rolle, auch vor Männern außerhalb des Wohnquartiers. Sie wurden zu Zeuginnen einer Botschaft, die sie in ihrem Milieu leben und weitervermitteln konnten.

Für die Männer gab es neben dem Baugewerbe auch noch andere Gelegenheitsarbeiten. Die Straße zwischen Randexistenz und Illegalität war kurz und viele schlugen sie ein (wobei sie nicht selten im Gefängnis landeten). Die Erwachsenen und Alten trugen häufig noch die Erinnerung an leidvolle oder schwierige Geschichten mit sich herum, über die frühere Armut, die Auswanderung, die beiden Kriege und den Faschismus. Diese – Frauen, Männer, Kinder, Alte – wurden in den Peripherien die Gesprächspartner der Gemeinschaft Sant'Egidio. Mit ihnen entstand eine Gemeinschaft der am Rand Lebenden, die das Gefühl hatten, im Evangelium eine Mitte und für ihr Leben eine Hoffnung zu finden.

Zwischen diesen Menschen wuchs eine Geschwisterlichkeit und das insbesondere durch das (persönliche und gemeinsame) Hören und Lesen des Wortes Gottes. So zog die Bibel ins Leben in der Peripherie ein. Die geringe Bildung verhinderte jedoch nicht die Vertrautheit mit dem heiligen Text. Diese gemeinschaftlichen Wege entstanden aus der Vision, dass das Evangelium für alle da sei und insbesondere für diejenigen in der Peripherie. Es brauchte seine Zeit, bis den Beteiligten der Anschluss an andere, mehr oder weniger institutionelle Kreise in der Kirche möglich wurde. Dazu bedurfte es der verschiedensten Wege, auf denen es nicht darum ging, die Integration in die kirchliche Welt zu erzwingen. Das war nicht das Ziel dieses Bemühens.

Die 1987 veröffentlichten Texte von *Vangelo in periferia* („Das Evangelium in der Peripherie") entstanden im Lauf der Jahre im Leben dieser Gemeinschaften. Kardinal Martini beobachtete, wie treffend diese Texte und Kommentare, die keine „Frucht der Schreibtischarbeit" waren, die Welt der Peripherie erfassten. Er schrieb: „Der Umstand, genau auf die Menschen der römischen Vorstädte zu achten, erklärt auch die ständige Wiederkehr der für diese Realität typischen Themen, Bilder und Leiden: die Kälte des Winters, gegen die man sich in den feuchten Häuser nur schlecht schützen kann, Einsamkeit, Krankheit und die Situation der Frau."[108] Bevor er Erzbischof von Mailand wurde, war Martini in Rom einer von denen, die das Evangelium in diesen Vorstadt-Gemeinschaften von Sant'Egidio erklärten, und er teilte mit ihnen in diesen Randmilieus immer wieder einige Momente ihres Lebens und das Lesen der Bibel. Er zelebrierte dort jeden Sonntag die Messe und zwar in einer ehemaligen Pizzeria, die man in der Vorstadt Alessandrina zur Kapelle und einem Ort der Begegnung umgestaltet hatte.

Diese Geschichte hat er selbst erzählt. Er berichtete aus seiner Erinnerung, wie er die Begrenztheit der universitären Lehre und der wissenschaftlichen Erforschung der Bibel deutlich verspürt habe. Aus diesem Grund habe er

---

[108] Comunità di Sant'Egidio, *Vangelo in periferia* a.a.O. 7.

in der Stadt nach Stätten gesucht, wo man tatsächlich nach dem Evangelium lebte. So habe er die Gemeinschaft von Sant'Egidio kennen gelernt und am Leben von deren Gemeinschaften in der Peripherie teilgenommen. Laut seiner Erfahrung „geht es in deren ursprünglicher Inspiration … um die Themen Gebet, Heilige Schrift, Arme, Gemeinschaft, Gesellschaft." Und so erzählte er:

> „ … Zu Anfang der 1970er Jahre ging ich eines Nachmittags durch die Straßen von Trastevere und dachte über einen bestimmten Riss nach, den es damals unmittelbar nach dem Konzil gab, und zwar zwischen denen, die den Einsatz für die Armen und die Umwandlung der Gesellschaft betonten, und denjenigen, die dagegen vor allem die Spiritualität und das Gebet in den Vordergrund stellten. Und ich sagte mir: Zwischen beidem muss es eine praktische Versöhnung geben, eine Art und Weise, im Leben ganz konkret das Gespür für den Primat Gottes, den Primat der Heiligen Schrift und des Gebets zu vereinen mit der praktischen dringenden Notwendigkeit, auf anspruchsvolle und wirksame Weise sich mit Liebe um die Armen zu kümmern, den Menschen nahe zu sein, den am meisten Verlassenen …" Sodann kam Martini auf Sant'Egidio zu sprechen und sagte: „Und da begann ich zu begreifen und diese gelebte Synthese zu schätzen: aus Primat Gottes, Gebet, Hören auf das Wort, woraus sich dann ergab, dass man das Wort Gottes ernst nahm und sich gemeinsam auf wirksame, konkrete Weise um die Armen kümmerte …".[109]

In einem Kommentar zu *Vangelo in periferia* („Das Evangelium in der Peripherie") und die Erfahrung von

---

[109] C. M. Martini, *Prefazione*, in: A. Riccardi, *Sant'Egidio, Roma e il mondo. Colloquio con J. D. Durand e R. Ladous*, Cinisello Balsamo 1997, 5–8.

Sant'Egidio in den Peripherien lenkte Bischof Pietro Rossano als sorgfältiger Exeget und Mensch mit humanistischer Bildung den Blick auf „die Frau, die Kinder, diese Menschen aus dem Süden, diese Arbeitslosen, diese Leute, die in Unterkünften aus Karton und Blech leben, bloß um darin zu schlafen." Diese Menschen, so erklärte er, kämen ihm gar nicht so weit entfernt von den auf den Seiten des Evangeliums beschriebenen Personen vor: von der gekrümmten Frau, dem Jungen mit epileptischen Anfällen, der Ehebrecherin. Das seien die Armen der römischen Vorstädte, „aber auch der großen städtischen Peripherien, wie es sie mehr oder weniger überall gibt." Sodann stellte Rossano die Frage, welche Botschaft mittels der Präsenz von Sant'Egidio in der Peripherie verkündet werde: „Was bringt das Evangelium diesen Menschen? Warum hören sie sie an?" Und er fuhr fort:

> „Das Evangelium bringt keine Arbeitsstelle, bringt keine Arzneien, bringt keine Nahrung und bringt erst recht nicht den Moralismus der Gescheiten, der zuweilen den Christen fremd ist, und es bringt auch nicht die Verurteilung, die die entrüsteten Moralisten oft aussprechen. Und erst recht nicht bringt das Evangelium die Revolution und den Klassenhass ..."[110]

Rossano stellte sich anschließend die Frage: Aber was bringt das Evangelium den Menschen am Rand, die von derart vielen Problemen des Alltagslebens geplagt sind?" Er gab zur Antwort: „Das Evangelium ist ... eine Ankündigung und auch eine Energie, es ist ein Lichtstrahl und eine Hoffnung, eine Begleitung und eine Zuneigung, die auf dem Weg über die Zuneigung eines Menschen und

---

[110] R. Rossano, *Vangelo in periferia*, in: „Memoria" 1 (1988), 50.

einer Gemeinschaft vermittelt wird." Das ist eine Aussage, die diejenigen, die diese Geschichte gelebt haben, bestätigen können. Rossano schloss mit der Frage, was das Evangelium eigentlich zum Leben der am Rand Lebenden beitrage: „Es ist eine Energie, die sich mitteilt auf dem Weg über die geheimnisvollen, brüchigen zwischenmenschlichen Beziehungen der Zuneigung und Anteilnahme, die ein Mensch dem anderen zukommen lässt."[111]

Das ist die Geschichte der Gemeinschaft von Sant'Egidio in der Peripherie von Rom und anderen Städten: ein auf dem Evangelium gründendes Netz der Geschwisterlichkeit. Um es herum haben sich Solidaritätsaktionen für Menschen in Schwierigkeiten, für die Armen, die Einsamsten, die Behinderten, die Alten entwickelt (die durchschnittliche Lebenserwartung hat sich verlängert, aber mit diesem Erfolg ging keine Zunahme der Lebensqualität einher, so dass für die Armen die letzten Jahre ihres Lebens recht schmerzvoll wurden). Angesichts dessen wuchs auch in der Welt der am Rand Lebenden das Bewusstsein, dass „niemand so arm ist, dass er nicht einem anderen Armen helfen kann". So schrieb man zur damaligen Zeit in Sant'Egidio:

> „... Die Grundlage dieser Befreiungsbotschaft des Evangeliums scheint mir zu sein, dass es darum geht, allen Menschen ihre Würde als Männer und Frauen wieder zu geben, als Kinder Gottes, als Brüder und Schwestern, als Jünger und Jüngerinnen. Die Befreiungsbotschaft lautet schlicht und einfach, aber überzeugend gesagt: Das Leben lässt sich ändern."[112]

---

[111] Ebd.
[112] A. Riccardi, *I perché di un libro*, in ebd. 54.

Zur Veranschaulichung dieser Geschichte in der Peripherie habe ich es im Allgemeinen vorgezogen, das Wort einigen anderen Zeugen zu geben und das gerade wegen meiner eigenen persönlichen Teilnahme an dieser Lebensform. Jedoch habe ich im Lauf der Jahre festgestellt, wie aus dem Hören auf das Wort Gottes eine besondere Spiritualität erwachsen ist, „eine Spiritualität des Menschen in der Stadt, die wir damals als Wüste bezeichneten und das auch jetzt noch tun; als eine Wüste, in der die Suche nach Gott nicht unmöglich ist, und in der das ‚Buch‘ für niemanden auf immer versiegelt bleibt", wie ich damals geschrieben hatte.[113] Die Peripherie konnte von christlichen Gemeinschaften mit Menschen aus der Peripherie besiedelt werden. Es war möglich, in diesen Welten das Evangelium zu leben, selbst wenn das nicht die Form regelrechter Institutionen annahm. Kardinal Ugo Poletti, seit 1973 Bischofsvikar von Rom, der viel Aufmerksamkeit für die Peripherien hatte, begriff den Wert dieses Präsentseins und verteidigte es gegen eine kirchliche Mentalität, die darauf abzielte, alles auf eine institutionelle Geometrie zurückzuführen. Er sagte 1988: „Ich habe eure Gemeinschaft hier in Rom wachsen sehen: zunächst etwas zögerlich in den Schulen und Vorstädten und dann auch in den großen Peripherien der Stadt ... Es freut mich, dass ich euch immer sehr nahe geblieben bin, und es freut mich für diese uns teure Diözese, dass sie in euch ein Zeugnis für ihre universale Mission findet."[114]

Anlässlich des Jahrestags der Gemeinschaft des dicht besiedelten Quartiers Primavalle in Rom sagte er im Blick

---

[113] Ebd. 55.

[114] „*Tutto il mondo è la mia casa*". *Il cardinale Poletti per i 20 anni della Comunità di Sant'Egidio*, in: „Memoria" 1 (1988), 6.

auf deren Geschichte, die zwar für die Stadt nicht besonders wichtig, aber vom Evangelium her bedeutsam sei:

> *„Da ist vor allem eine Idee, ein Traum gelebt worden, Wirklichkeit geworden: dass alle das Evangelium empfangen können. Es gab kein Alter, keine sozialen Umstände, kein noch so schweres Leben, das ein Hindernis dafür gewesen wäre, das Evangelium zu empfangen: Niemand ist so taub oder derart in Schwierigkeiten, dass er nicht das Evangelium empfangen könnte. Hier hat sich der Sinn des Evangeliums in der Peripherie erfüllt: das Evangelium für alle.“*[115]

Frauen in der Peripherie

In vielen Gesellschaften des 20. und 21. Jahrhunderts ist die Frau für die Welt, die zählt und für die wirklichen Mächte eine Randgestalt. Trotzdem sind es in der Kirche oft die Frauen, die in die entferntesten Weltgegenden hinaus menschliche Hilfe und das Evangelium bringen. In dieser Hinsicht erscheint die Entscheidung für die Peripherien ganz bezeichnend, die die *Kleine Schwester* Madeleine getroffen hat, die Gründerin der Kleinen Schwestern Jesu im Geist von Charles de Foucauld: ihr Leben mit der untersten Schicht und den Armen in Verbindung mit einem auf das Gebet konzentrierten Leben zu teilen. Die Gründerin und ihre Schwestern führten ab Mitte der 1940er Jahre das Leben in der Peripherie – wenn man so sagen darf – in weiblicher Form. Tatsächlich verlangt Madeleine von

---

[115] A. Riccardi, *Come a Greccio, per avvicinare Gesù a tanta gente lontana*, in: „*Memoria*“ 9 (1994)-1 (1995), 6.

ihren Mitschwestern, dass sie vor allem im Schwestersein menschlich sein sollten: „Seid zuerst einmal Christinnen, bevor ihr Ordensfrauen seid", schrieb sie 1942. „Habt in höchstem Maß die einfach menschlichen Tugenden der Gastfreundschaft und der Nächstenliebe. Und lasst erst danach die Tugend des Ordenslebens dazukommen."[116]

Da geht es nicht darum, Konvente zu gründen, sondern mitten unter den Menschen in einfachen und armen Wohnverhältnissen zu leben, ja sogar mit den Tuareg unter Zelten oder den Roma in Wohnwägen, und so als Frauen und Christinnen das Dasein und die Lebensumstände aller zu teilen. Diese Schwestern sind nicht von den Rhythmen und Mauern des Klosterlebens geschützt. Deshalb ist die Menschlichkeit der Kleinen Schwestern das Entscheidende: Sie sollen vor allem anderen menschlich sein, nicht Nonnen! So lautet ihre ständige Lehre. Mitten unter Menschen, insbesondere den Armen, sollten die Kleinen Schwestern – so wünscht es die Gründerin – eine „lächelnde Güte" ausstrahlen. Sie schreibt:

> „Seid immer sehr gastfreundlich. Die Laien sollen aus euren Häusern mit einem von eurer lächelnden Güte ganz erwärmten Herzen herauskommen. Weckt keinerlei Anschein der Strenge. Ihr wäret wirklich auf dem ganz falschen Weg, wenn ihr euch eine Haltung der Strenge zulegen würdet, die bei uns ganz und gar nicht am Platz sein soll. Jesus war auf den Straßen Galiläas immer ganz Lächeln, ganz Güte, ganz Zärtlichkeit."[117]

---

[116] Kleine Schwester Madeleine von Jesus, *Dal Sahara al mondo intero* a.a.O. 105.
[117] Ebd. 106.

Die erste Wahl der Gründerin fiel sozusagen auf die äußerste Peripherie Frankreichs: Das war die Wüste Sahara. Dort hatte Bruder Karl von Jesus als Einsiedler gelebt und darauf gehofft, um sich eine Gemeinschaft zu scharen, aber schließlich wurde er ermordet, als er noch allein war. Die Geschichte der Schwesternschaft der Kleinen Schwestern Jesu begann in der Wüste Sahara: Sie erlebte hier einen Augenblick der entscheidenden Prüfung. In der Wüste, einem weit entlegenen Land in einem Algerien, das sehr schwierige Jahre durchmachte, erwachte die Leidenschaft dieser Frauen für andere Peripherien, denn von daher schien sich die Welt besser begreifen zu lassen. Madeleine eröffnete Schwesternschaften in vielen Ländern, schuf jedoch nie Werke oder Strukturen, sondern siedelte sich stattdessen immer unter den Armen mit kleinen Gemeinschaften von Frauen an, die fähig waren, das Leben aller zu teilen, und das ohne jede Absicht zum Missionieren oder Proselytenmachen.

Madeleine widerstand stets jeglichem zuweilen sogar starkem Druck der kirchlichen Welt, die es durchsetzen wollte, dass die Kleinen Schwestern lieber im Schutz von Konventen und mehr als Nonnen nach festen Regeln lebten. Sie wurde auch dazu aufgefordert, die Verantwortung für Schulen, Krankenstationen oder irgendwelche andere soziale Werke zu übernehmen. Doch auch wenn sie diese Werke für nützlich hielt, gehörten sie nicht zur Berufung in ihrer Schwesternschaft. Ihre Antwort lautet ganz klar: Die Kleinen Schwestern leben an den Rändern, nicht um etwas zu leiten, zu organisieren oder aufzubauen, sondern um „unter ihnen" zu sein, nämlich den Armen. So schreibt sie:

„Wir haben nur ein einziges Ziel: uns zu ‚einer von ihnen'
zu machen, nämlich zu einer von den Ärmsten, der Klasse
der Niedrigen, derer, die die Welt nicht wertschätzt ... nie
auf einer ihnen gegenüber höheren Ebene, um sie zu führen,
zu erziehen oder zu unterweisen, sondern auf einer Ebene der
Gleichheit, um sie zu lieben, sie zu unterstützen, wie man sei-
ne eigenen Freunde unterstützen würde, seine eigenen Brüder,
seinesgleichen. Das ist unser einziger Weg!"[118]

Von der Sahara bis in die Arbeiterwelt hinaus, in die
verlassenen Landstriche in Frankreich, nach Nordafrika,
in die armen Lebenswelten in Afrika, um dort zum Beispiel derjenigen der Pygmäen nahe zu sein, bis in die
Slums der großen lateinamerikanischen oder asiatischen
Städte, möchte Madeleine mittels des einfachen Lebens
ihrer Schwestern mitten unter den Menschen „Herde der
Güte, des Friedens und der Liebe" einrichten. Und so sind
Kleine Schwestern zu sehen, die mit den Roma ständig als
Nomaden unterwegs sind, während man anderen begegnet, die Bäuerinnen oder Arbeiterinnen geworden sind,
und dennoch voll und ganz Ordensfrauen sind und ihr
Ordenskleid tragen.

Die Schwesternschaften nehmen auch im Mittleren Osten zu, dieser komplizierten Welt, in der seit dem Zweiten
Weltkrieg der Konflikt zwischen Arabern und Israelis im
Gang ist und wo man die schwierige Konfrontation mit
dem Islam verspürt. Die Schwesterngemeinschaften müssen eine einfache, freundschaftliche und für alle zugängliche Stätte schaffen. Das ist ihre Art des Dialogs: auf dem
Weg über die Freundschaft und das praktische Leben. Die
Kleinen Schwestern zeigen mit ihrer Existenz und ohne

---

[118] Ebd. 239.

Erklärungen oder Missionseifer, dass es möglich ist, auch in den vergessensten und konfliktreichsten Winkeln der Welt menschlich und gläubig zu sein. Das sind Frauen, die sich fort von ihrer Herkunftsgegend anderswohin begeben, um in armen Milieus zu leben und die Welt mit den Augen von Randsiedlern der Gesellschaft zu sehen.

Im Jahr 1951 unternahm Madeleine in einem noch vom Kolonialismus beherrschten Afrika eine Reise durch Kamerun, die sie tief erschütterte. Über dieses Unternehmen hat sie selbst einige eindrucksvolle Seiten geschrieben. Sie lernte dort die Pygmäen kennen, die von den benachbarten afrikanischen Bevölkerungsgruppen diskriminiert wurden (die wiederum von den dort herrschenden weißen Kolonisten diskriminiert wurden) und entwarf das Projekt, unter ihnen eine Schwesternschaft zu gründen („die Pygmäen sind die uns liebsten Schwestern und Brüder, denn sie sind die am wenigsten geschätzten"). Die Kleinen Schwestern mit ihrer menschlichen Nähe, ihrem geschwisterlichen Leben und ihrem Gebet konnten diesen vom Kolonialismus und der Verachtung seitens anderer Ethnien gedemütigten Menschen vermitteln, dass sie nicht allein sind. In dieser menschlichen Peripherie war das eine von Frauen verwirklichte schwesterliche und christliche Präsenz. Das macht die Stärke eines „schwachen" Zeugnisses gläubiger Frauen aus.

Ohne die Tätigkeit der Missionare zu kritisieren, ging die Kleine Schwester Madeleine zu deren Methoden des Tuns und der Präsenz auf Distanz: Sie suchte nach einem neuen Weg für ein religiöses Leben. Dabei sah sie eine „Mauer", die man einreißen musste, weil sie Europa von Afrika trennte, also die Europäer von den Afrikanern, aber das war etwas sehr Tiefgreifendes, das dazu bestimmt war, lange zu halten. Zudem nahm sie die Distanz der Missionskirche mit ihren Institutionen gegenüber den Afrikanern wahr, das „immense Leiden des von uns getrennten afrikanischen Volkes durch eine Mauer, die nur mittels einer tiefen Liebe Stück für Stück allmählich abgerissen werden kann." Die Kleinen Schwestern wollten im kolonialen Afrika ein lebendiger Ausdruck der Liebe sein und aus diesem Grund selbst eine Schwesternschaft vorstellen, die Mitglieder von ganz verschiedener nationaler, ethnischer und kultureller Herkunft umfasste. Madeleine spürte deutlich, dass in dieser riesigen kolonialen Peripherie ein Umbruch bevorstand. 1951 schrieb sie: „Meine Seele fließt über vor Sehnsucht nach brüderlicher Liebe zwischen Schwarzen und Weißen." Das war ein Traum, der sich mit den Bruder- und Schwesternschaften in Afrika zu verwirklichen begann.

Das Leben der Kleinen Schwestern besteht darin, unter den Armen und an den Rand Gedrängten mit einer heiteren und kommunikationsfreudigen Menschlichkeit zu leben. Aber das ist nicht immer einfach. Madeleine schrieb: „Sei menschlich, um den Vater besser verherrlichen zu können ... Je vollkommener und totaler du menschlich sein kannst, desto mehr wirst du auch vollkommen und total Ordensfrau sein können, denn deine religiöse Vollkommenheit wird in einer Ausgeglichenheit aufblühen, die deren Grundlage verstärken wird."[119] Im Gefolge ihrer Gründerin leben die Kleinen Schwestern mitten unter den Menschen, insbesondere unter den am weitesten am Rand lebenden, auf dem gleichen Lebensniveau wie diese und mit den gleichen armen Mitteln wie sie, ohne sich von ih-

---

[119] Ebd. 364.

nen abzusetzen, womöglich „unter dem Vorwand, als Ordensfrauen müssten sie zurückhaltend sein." So entstand ein Netzwerk von Schwesterngemeinschaften über alle fünf Erdteile, das – ich wiederhole das – aus Schwestern von ganz unterschiedlicher nationaler Herkunft besteht, das gar nicht darauf aus ist, einen Einfluss auf die Gesellschaft oder die Kirche auszuüben, sondern ganz einfach nur an von der Gesellschaft weit entfernten Orten eine menschliche und dem Evangelium entsprechende Präsenz verwirklichen will. Die Gründerin schrieb: „Es war reine Torheit, auf diese Weise Kleine Schwestern, die noch recht jung und wenig vorbereitet waren, zu zwei und zwei auszusäen." Die Entscheidung für die Peripherien der Welt ist es also, worin die Kleinen Schwestern verwurzelt sind, jedoch unterhalten sie weltweit im Rahmen ihrer Schwesternschaft eine starke Einheit untereinander.

Eine Frau in der marxistischen Stadt

Ungefähr zur selben Zeit, als die Kleinen Schwestern entstanden, beschloss eine andere Persönlichkeit, als Christin im Arbeitermilieu zu leben, und zwar in der „roten Peripherie" von Paris. Es handelt sich um Madeleine Delbrêl, die ab 1933 in Ivry in der *banlieu* von Paris wohnte, wo sie 1964 starb. Ihr Leben verflocht sich mit demjenigen der Arbeiterpriester (Kardinal Suhard ernannte sie zu Anfang dieses Experiments zum Mitglied der beratenden Kommission), aber auch mit demjenigen der Kleinen Schwestern, die sie kannte und öfter besuchte. Madeleine hatte jedoch starke eigene Charakterzüge, die von ihrem spezifisch weiblichen Ansatz geprägt waren sowie in ihrem ganz vom Evangelium herkommenden und für das Milieu, in dem sie lebte, einfühlsamen Verständnis. Von einem Treffen in einem Sozialzentrum erzählt Madeleine: „An der Wand hängt eine Karte der Örtlichkeit. Die Gruppe teilt sich plötzlich in zwei Hälften auf: Alle Frauen treten ans Fenster, alle Männer vor die Karte. Das ist eine unwichtige Tatsache, aber dennoch vielsagend. Das Leben ist die große Schule der Frau."[120]

Neben Madeleine gab es eine Gruppe von Freundinnen, die mit ihr zusammen die Nähe zum Milieu der Arbeiter und Armen teilten. Die dortige Gemeinde wurde von der kommunistischen Partei regiert, deren Verhältnis zur Kirche konfliktreich war. Ivry war Teil des „roten Gürtels" um die Hauptstadt, in dem das soziale Leben ganz und gar von dieser Partei beeinflusst war. Kommunisten (als „cocos", Kokos bezeichnet) und Katholiken (mit dem Spitznamen „curés", Pfaffen) standen einander in gegenseitiger Ablehnung gegenüber. Zwischen beiden gab es nichts Vermittelndes. Madeleine und ihre Gefährtinnen akzeptierten es nicht, ausschließlich im Milieu der Pfarrei zu leben oder auf eine Ebene mit der wahrscheinlich katholischen Arbeitgeberschaft der Zone gesetzt zu werden. Sie wollten aber nicht in einer Logik des politischen Konflikts gefangen sein. Ihnen lag daran, den Leuten „von der Straße" zu begegnen, das heißt in den konkreten Verhältnissen ihres Lebens. Sie waren von den elenden Bedingungen erschüttert, unter denen die Arbeitermassen und deren Familien leben mussten.

---

[120] Ch. Mann, *Madeleine Delbrêl. Una vita senza frontiere*, Turin 2004, 93f.

Madeleine und ihre Freundinnen wollten nicht Leute der Pfarrei sein, sondern suchten den Kontakt mit allen auf der Straße: „Wir versammelten uns um das Evangelium und begriffen, was wir tun mussten", schrieben sie über ihre „Evangeliumsrunden", bei denen sie sich trafen, um gemeinsam im Evangelium zu lesen und es auf ihre Situation hin auszulegen. Madeleine arbeitete als Sozialarbeiterin und übernahm im Auftrag der kommunistischen Stadtverwaltung die Leitung der sozialen Familiendienste. Sie spürte, dass sie sich große Mühe geben musste, um die schwierigen Verhältnisse so vieler in Ivry zu ändern. Dazu arbeitete sie mit den Institutionen zusammen, die damals unter Leitung der Partei standen, und lernte die Kommunisten näher kennen. Das Drama der Welt der Peripherie, wie sie ihm tagtäglich begegnete, beschrieb sie folgendermaßen:

> *„Frauen, die wegen einer baldigen Geburt entmutigt waren oder von der Hand von Frauen starben, die ganz improvisiert Abtreibungen vornahmen ... Schwache Eltern, die getrennt lebten. Aus Fundsachen zusammengebaute Behausungen. Kinder ohne Kindheit ... Verlassene Alte, die von ihren Bezugsscheinen gerade so überlebten. Und zudem noch die Trostlosigkeit der vernachlässigten Wohnungen: von den lieblos möblierten Zimmern bis zu den klassischen Bruchbuden mit dem kaputten Bett und dem klebrigen Wachstischtuch."*[121]

Es geht hier nicht darum, die sozialen Aktivitäten Madeleines und ihrer Gefährtinnen zu schildern, die sie nicht auf bürokratische oder bevormundende Weise tätigten, sondern – wie sie selbst schreibt – aus der Überzeugung,

---

[121] Ebd. 83 f.

dass alle Menschen Brüder und Schwestern einer einzigen großen Familie seien. So betrachteten sie die Bedürftigen nicht als „Fälle", sondern als Freunde ihrer Frauengemeinschaft. Den am Rand lebenden Menschen nahe zu sein und ihre konkreten Lebensdramen mit ihnen zu teilen: das empfanden Madeleine und ihre Freundinnen als ihre Berufung. Sie empfanden sich als Zeuginnen der Botschaft des Evangeliums, ohne sich für etwas anderes als die übrigen Menschen zu halten. Zudem waren sie der Überzeugung, dass alle Christen Missionare seien: „Die Wüste der Masse. In die Masse eintauchen wie in weißen Sand" Tatsächlich kam Madeleine Ivry wie eine „neue" Wüste des Lebens und der Solidarität vor, in der Hunderttausende von Menschen unter unmenschlichen Bedingungen und ohne Trost leben mussten. Der enge Zusammenhang zwischen dem biblischen Thema der Wüste und demjenigen der Peripherie findet sich also in der Erfahrung recht vieler Christen des zwanzigsten Jahrhunderts.

Es war folglich notwendig, mitten unter den Menschen zu bleiben, ohne sich in einer davon abseits gelegenen Welt zu empfinden (sei das diejenige der Pfarrei oder der Ordensgemeinschaft), sich wie diese Menschen zu kleiden und in ihrer Nachbarschaft zu wohnen. 1937 veröffentlichte Madeleine ihr Buch *Nous autres, gens des rue* und schrieb darin: „Wir anderen, die Leute auf der Straße, glauben mit aller Kraft, dass diese Straße und diese Welt, in die Gott uns gesetzt hat, der Ort unseres Heiligwerdens ist. Weil wir in der Liebe eine lohnende Beschäftigung finden, kommen wir gar nicht auf die Idee, unser Tun in Gebet und praktisches Tun zu unterteilen. Für uns ist das Gebet ein praktisches Tun und das praktische Tun ein Gebet ...".

Die Tätigkeit dieser Frauen zielte weder auf das Proselytenmachen ab, noch auf den Widerstand gegen die kommunistische Propaganda, sondern sie schufen ein Lebenszentrum, in dem es im Kontakt mit allen Menschen um „schlichte, ansteckende und geschwisterliche Nächstenliebe" ging. Auf diese Weise floss ein Liebesstrom in die Welt ein, in der man lebte, ohne dass man ihn von außen her betrachtete oder beurteilte. Von daher sah Madeleine mit Sympathie die Erfahrung der Arbeiterpriester mit an. 1950 schrieb sie: „Es ist unverzichtbar, dass eine möglichst große Zahl von Priestern zum authentischen Überschneidungspunkt von Welt und Gott wird." Tatsächlich zeichnete sich ja eine neue Realität ab, nämlich diejenige des Proletariats, und es war dringend notwendig, dass die Kirche sie erkannte und begriff: „Dieses Neuland kennen zu lernen, macht eine der Ängste der Christen unserer Zeit aus. Um diese Angst zu überwinden, sind so viele Menschen – Priester und Laien – in Milieus eingetaucht, die sie bislang gar nicht gekannt hatten."

Dieses Land der Peripherie war eine Realität, worin die kommunistische Partei eine Befreiungs- und Selbsterlösungsbewegung organisiert hatte. Madeleine lebte mitten in dieser vom Kommunismus geprägten Welt und lieferte 1957 ein Bild davon in ihrem Buch mit dem bezeichnenden Titel *Ville marxiste, terre de mission* („Die marxistische Stadt als Missionsgebiet"), das sie auf Grund ihrer Erfahrungen seit 1933 in Ivry verfasst hatte. Madeleine hatte die dem Kommunismus innewohnende menschliche Dimension erfasst und war zur Überzeugung gekommen, dass das Christentum nicht darauf verzichten dürfe, das Evangelium zu verkünden, und dass die Christen den Kommunisten menschlich begegnen und mit ihnen zusammenarbeiten mussten, und dass sie das Positive an ihren Bemühungen anerkennen sollten. An diesen Punkt war sie auf Grund langer Erfahrung gelangt, in deren Verlauf sie viele Kommunisten kennen gelernt und mit ihnen kontrovers diskutiert hatte. Sie fühlte sich von deren Hingabe angezogen, teilte jedoch nicht ihre ideologischen Vorstellungen. 1961, also kurz vor dem Zweiten Vatikanischen Konzil, erklärte sie:

„Die Kirche schätzt den Kommunismus auf der Grundlage ihrer universalen Prinzipien und ihres universalen Handelns ein. Wenn wir uns in Ivry von all dem fernhalten, was die Kommunisten unternehmen, entfernen wir uns vom öffentlichen Leben selbst, weil sie dieses ganz in der Hand haben. Das Überraschende daran ist, dass es für den Christen nur eine einzige wichtige Sache zu tun gibt, nämlich da zu sein bei dem neben ihm stehenden Kommunisten, auf dem Treppenabsatz seines Hauses, in seiner Fabrik oder in seinem Büro, und das ist genau das, was das Evangelium von uns verlangt: Vor jedem Menschen stehen zu bleiben. Das geht weit!"[122]

In der Welt der roten Peripherien von Paris gab es durchaus sozial und politisch aktive Menschen. Es fehlte darin nicht an Handlungsvorhaben und Situationsanalysen. So erweckte es den Anschein, dass dort die Christen an den Rand und in blockierte Minderheitspositionen gedrängt oder auf unbedeutende Kreise beschränkt waren. Die Realität der marxistischen Welt und die kommunistische Militanz neigten ja dazu, die politische Szene und sogar das soziale Leben zu beherrschen. So sah das Leben in Ivry und im roten Gürtel von Paris aus. Aber Madeleine

---

[122] Ch. Mann, *Madeleine Delbrêl* in: *Ville marxiste, terre de mission.*

fand sich einerseits nicht mit der Marginalisierung ab und andererseits auch nicht mit dem ideologischen Vorurteil. Sie war der Überzeugung, dass man als Frauen und Männer den Kommunisten auf der menschlichen Ebene begegnen musste. In Ivry zu leben eröffnete „ein unerwartetes Gesicht der Hoffnung: die Herausforderung durch den Marxismus und die Berufung durch Gott." So schrieb sie:

> *„Ohne es zu wollen und ohne alle Vorausschau verpflichtet der Marxismus den Christen zu einer brutalen Bewusstseinsbildung: Er muss sich der unvergleichlichen Wichtigkeit Gottes bewusst werden, der Notwendigkeit, sich selbst weiterzuentwickeln, woraus der Marxismus überwunden werden kann, um sich dann mit der größten aller Fragen des Menschen auseinander zu setzen: Existiert Gott?"*

Madeleine Delbrêl maß sich mit den Kommunisten ausgehend vom menschlichen Kontakt und der alltäglichen Begegung. Diese Bewegung mit allen ihren menschlichen und nicht bloß politisch-ideologischen Widersprüchen erschien ihr anders im Vergleich dazu, wie sie von der Mitte her gesehen werden kann, sei es von der Mitte der Kirche oder der politischen Institutionen her. Ihr ging dabei vor allem auf, welche Herausforderung oder – wie sie es lieber nannte – welchen „Ruf" es bedeutete, zu reifen Christen zu werden und ganz persönlich nach dem Evangelium zu leben.

Insgesamt findet sich im Denken von Madeleine Delbrêl eine Theologie des Anderen, die sich nach der Begegnung mit diesem und der Kenntnis seiner Situation bemisst. Das ist etwas, das auch heute, also viele Jahre danach, nicht vergessen werden darf, nachdem die Peripherien einen tiefen Wandel durchgemacht haben (wenn man an diejenigen von Paris denkt, worin jetzt ein entscheidender Faktor die Präsenz der Muslime ist). Laut Madeleine muss sich der Christ die Frage stellen, wer der Andere ist und in welcher Sache er „herausgefordert" ist, wenn er sich nicht vorsätzlich dazu entscheiden will, in einer Ghetto- oder Minderheiten-Gemeinschaft zu leben. Oft beraubt das Fehlen der Auseinandersetzung mit dem Anderen den Christen vor diesem grundlegenden „Ruf", der ihm seine Sendung bewusst macht.

Was in der Geschichte von Madeleine Delbrêl und ihren Texten so beeindruckt, ist der Umstand, dass sie so stark von der menschlichen Erfahrung und der genauen Beobachtung der Welt, in der sie lebt, geprägt sind, sowie von der evangelischen „Leidenschaft" für die Peripherie, ihre Formen der Armut, ihre Elendszustände, ihre Widersprüchlichkeiten. Das aber ist eine Leidenschaft, die durch die Lage als soziale Minderheit auf die Probe gestellt wird, aber auch durch den ständigen Kontakt mit unlösbaren Problemen. Eine solche Haltung ist Ausdruck eines großen missionarischen Sendungsbewusstseins, das im 20. Jahrhundert auf nicht wenige Menschen ansteckend wirkte und das nicht nur in der südlichen Welthälfte, in anderen Staaten und Kulturen, sondern mitten im Stadtleben Europas.

Zum Schluss: Evangelium und Peripherie

Die Lebensverhältnisse des Menschen haben sich im 20. Jahrhundert rapid verändert: Zu Beginn des 20. Jahrhunderts lebte nur ein Zehntel der Weltbewohner in der Stadt, vor allem in Nordamerika und Europa, während man davon ausgeht, dass 2030 rund 60 Prozent der Menschen in Städten leben werden. Unser Planet wird künftig also verstädtert sein: Im vorigen Jahrhundert ist es zur großen Wende gekommen, bei welcher sich das anteilige Verhältnis von Stadt und Land umgekehrt hat. Im Jahr 2007, mitten im Prozess der Globalisierung, hat zum ersten Mal in der Geschichte die Zahl der Menschen in der Stadt diejenige der Menschen auf dem Land überstiegen. Damit ist die Welt also im Wesentlichen städtisch geworden. Aber dies alles hat sich auf recht besondere Weise abgespielt: Ein Großteil der städtischen Bevölkerung lebt nämlich nunmehr in den Peripherien. Paolo Sellari bemerkt, dass die Städte der Dritten Welt dazu neigen, wieder in die Dialektik von Zentrum-Peripherie zurückzufallen, die weithin auch heute noch ein Charakteristikum der sozio-ökonomischen Welt ist, und zwar nicht nur in den städtischen Zentren, sondern auch in ganzen Ländern.

Mit Siedlungsräumen, die sich zunehmend um die Städte herum verdichten, wird die Peripherie zum deutlichen Charakteristikum für die heutige Welt. Dieser Prozess der globalen Verstädterung führt jedoch zu einem charakteristischen Phänomen der heutigen Stadt: zur sogenannten „Verslummung". Im Jahr 2003 lebten 71,9 Prozent der afrikanischen Bevölkerung der Subsahara-Zone in Slums. Das ist auf dem ganzen Kontinent die verbreitetste Wohnbedingung der Stadtmenschen: Sie sind Randsiedler. Im Weltmaßstab machen die Slumbewohner heute 31,6 Prozent der Bevölkerung aus. Das ist ein ungeheuer großes Volk – eine Welt, die keine Stimme hat, aber ständig Botschaften aus einem Zentrum und von den Medien empfängt, die für einen anderen Lebensstandard werben, der ihr aber nicht zugänglich ist. Die Menschen in der Peripheria sind ein Volk von „Ausgeschlossenen", die ständig Anreize von Lebensmodellen empfangen und mit diesen in Kontakt kommen, die für sie unerreichbar sind.

Die konkreten Probleme, welche der rasche Wandel der Lebensbedingungen der Weltbevölkerung mit sich bringt, sind zahlreich und unterschiedlichster Natur: Das reicht von der Versorgung mit Nahrungsmitteln über die Verknappung oder Verseuchung der Trinkwasserressourcen bis zu Problemen im städtischen Transportwesen (das in manchen Städten unzureichend ist oder ganz fehlt) und den offensichtlichen, aber dramatischen Problemen bezüglich der Arbeit. Die humane und soziale Realität der Stadt des 21. Jahrhunderts unterscheidet sich gewaltig von derjenigen der Stadt im 20. Jahrhundert. Das Vorhandensein großer Agglomerationen von Proletariat (also Menschen in der Peripherie) in der Stadt des 20. Jahrhunderts stand häufig in dialektischem oder konfliktvollem Bezug zum „Zentrum" und das über die Realität des politischen und gewerkschaftlichen Streitens, befand sich jedoch – wenn auch in Form der Gegnerschaft – innerhalb des Rahmens eines gemeinsamen Horizonts. Durch die Auseinandersetzung und die Politisierung der Bestrebungen der Peripherie konnte zwischen den verschiedenen Teilen der Gesellschaft ein Prozess der Integration in Gang kommen.

Heute ist das ganz anders. Die Peripherien sind gegenüber denjenigen des vergangenen Jahrhunderts zwar heute in gewisser Hinsicht, was Kommunikation und Vernetzung angeht, viel stärker integriert, aber in sozialer und politischer Hinsicht abgehängt und nicht repräsentiert. Hier fallen die sozialen Netze rasch aus oder fehlen ganz. Damit wird die Kontrolle über die städtischen Randgebiete komplex und schwierig, so dass weite Bereiche –

insbesondere in den Megastädten – schließlich unter die Herrschaft von mafiösen Organisationen und internationalen und nationalen kriminellen Kartellen geraten.

Das ist ein Besorgnis erregender Aspekt (der sich weiter verstärkt), jedoch ein Merkmal unserer Zeit: die Beziehung zwischen den Peripherien und den Mafia-Organisationen, die kriminelle Netze darstellen, aber auch Kontrolle ausüben und „sozialen Beistand" bieten. Diejenigen sozialen Räume, in denen institutionelle Einrichtungen oder ein Vereinswesen fehlen, bieten das Gelände, das sich mafiöse Netzwerke erobern, und sie werden von der Bevölkerung nicht immer nur als ein Übel wahrgenommen. Die globale Stadt wird häufig auch zum Raum, worin sich die Gewalttätigkeit verschärft. Man braucht dabei nur an die Verhältnisse in etlichen mexikanischen Städten zu denken, die unter der Kontrolle von Drogenhändlern sind, oder an die Jugendbanden in Mittelamerika, wie etwa die *maras* von El Salvador und Honduras, von denen schon die Rede war. Bezeichnenderweise gelangte man gerade in El Salvador im Lauf von etwas mehr als einem Jahrzehnt vom Zustand des Konflikts zwischen dem Staat und der (mit einer bestimmten Ideologie versehenen) Guerilla, der in den 1990er Jahren endete, zur Einführung einer Demokratie, in der jedoch jugendliche Mafiosi die Peripherien kontrollieren, die Städte bedrohen und einen Teil der jungen Generation für sich rekrutieren. Zu Anfang der 1990er Jahre hatte Hans Magnus Enzensberger in seinem Buch *Aussichten auf den Bürgerkrieg* bemerkt:

„Es entstehen geschützte Gebiete mit eigenen Sicherheitsdiensten auf der einen, Slums und Ghettos auf der anderen Seite. In den preisgegebenen Stadtteilen haben Ämter, Po-

lizeistreifen und Gerichte nichts mehr zu sagen. Sie werden unkontrollierbar."[123]

Die Stadt des 21. Jahrhunderts, insbesondere die Megastadt, ist immer weniger eine Schicksalsgemeinschaft. So kommt es, dass ein Teil von ihr von den globalen Strömungen erfasst wird und auf dem Weg der Internationalisierung voranschreitet, ein anderer dagegen an den Rändern und außerhalb der Integrations-Kreisläufe bleibt, wenn er sich nicht sogar in den Zustand einer regelrechten Isolierung zurückzieht. Das sind die verlassenen Quartiere, wo es bei den Menschen häufig nur noch ums nackte Überleben geht und die Kinder wahrscheinlich die gleiche Lebensart einnehmen wie ihre Eltern. Das Universum der Megalstädte hat eine solche Struktur angenommen, dass viel bewohnte Fläche zum Bezirk der Ausgeschlossenen wird, und häufig unter den Bedingungen, von denen oben die Rede war. Die Megastadt produziert ständig städtische Peripherien und drängt Menschen an die Ränder. Angesichts dieser Realität verzichten insbesondere im Süden der Welt der Staat und die Institutionen oft auf eine echte Kontrolle dieser Räume. So werden diese zur verlorenen Welt, worin sich im Rahmen einer reinen Überlebenskultur die menschlichen und sozialen Dramen mit kriminellen Netzwerken und häufigen Rebellionen verflechten.

Die Peripherien des 21. Jahrhunderts sind ein Appell an die Kirchen; sie sind „ein Anruf", würde auch heute noch Madeleine Delbrêl sagen. Dieser Anruf ist schon im vorigen Jahrhundert ergangen; jetzt ergeht er angesichts besonders riesiger Probleme. Heute achtet die katholische Kirche wahrscheinlich weniger darauf. Sie fühlt sich we-

---

[123] H. M. Enzensberger a.a.O. 55

niger herausgefordert durch die marxistische Ideologie und durch konkurrierende Kräfte, die durch diese inspiriert sind. Auch verfügt sie über weniger Personal, um sich dieser Situation zu stellen, auch wenn – wie Papst Franziskus zeigt – man nicht sagen kann, sie sei sich der revolutionären Herausforderung nicht bewusst, die die peripheren Welten darstellen. Ist das etwa schon eine für die Kirche und die Christen verlorene Welt?

Das Christentum verfügt – unter dem Antrieb von Papst Bergoglio – über die Möglichkeit, auf ganz neue Weise die Situation der Menschen und Städte des 21. Jahrhunderts zu erfassen. Dieser Prozess erfordert sicherlich tiefgreifende Veränderungen. Es ist nicht mehr möglich, ihn anhand der Einteilung in Territorien anzugehen, die für andere Zeiten typisch und stark von der ländlichen Welt her beeinflusst waren, so dass man den Raum in vorher genau definierte Bezirke einteilte. Schon allein die Vorstellung eines festen Territoriums als exklusiven Wohnbereich der einzelnen Menschen ist von der heutigen Mobilität der Menschen und des Transportwesens überholt und zudem auch noch von den Kommunikationsmöglichkeiten via Internet. Das Pastoralsystem, wie es häufig auf Pastoralplänen und Zuständigkeitsbereichen beruhte, erweist sich jetzt als untauglich. Wie bereits gesagt, hatte die katholische Kirche ein ganz besonderes Verständnis des Territoriums, das sie in Diözesen und Pfarreien unterteilte, mit Ausnahme der Ostkirchen, die an Personengemeinschaften des gleichen Ritus gebunden sind.

Angesichts des Anwachsens der Städte wurde man sich der Grenzen von zu großen Diözesen bewusst. So hat man jetzt – um nur zwei Beispiele zu nennen – die Großstädte São Paolo und auch Paris in mehrere Diözesen unterteilt. Es ist dies ein Verwaltungssystem, mit dem man zu große

Gebiete aufteilt. Dieses Experiment mit der Unterteilung der besonders großen Diözesen, das inzwischen schon einige Jahrzehnte vor sich geht, war nicht immer glücklich und vor allem nicht besonders innovativ. Es entsprach aber der Vorstellung einer vom Zentrum aus regierten Kirche, die menschlichere und weniger riesige Dimensionen annehmen musste. Das eigentliche Problem besteht aber darin, nicht die großen Diözesen in kleiner Bezirke zu unterteilen, sondern die Kirche in der Peripherie neu erstehen zu lassen. Das heißt kurz gesagt: Man sollte Gemeinschaften und christlichen Erfahrungen Raum geben, die in diesen Orten aufkeimen. Wie bereits gesagt, war die territoriale Sicht, auf der die Pastoral zum größten Teil beruhte, teilweise unzureichend geworden. Dabei geht es nicht darum, das Zentrum oder das Band der Gemeinschaft praktisch abzuschaffen, sondern eine Bewegung zu fördern, die von den Peripherien her kommt und mit anderen Segmenten des christlichen Lebens zusammentrifft.

Seit dem Zweiten Vatikanischen Konzil hat man im Gefolge der erneuerten Ekklesiologie stark die Dimension der Ortskirche betont, aber mit dieser Erneuerung ist man auf halbem Weg stehen geblieben. Die Ortskirche geht nämlich ihrerseits von einem zentralistischen Ansatz aus, bei dem für die Peripherien kein Platz bleibt. Es genügt nicht, die Diözesen aufzuteilen und das Zentrum näher an die Peripherien zu bringen (zuweilen hat das dazu geführt, dass die menschlichen Ressourcen abnahmen und die Mobilität sich verringerte). Stattdessen ist es notwendig, in den Peripherien neue christliche Aufbrüche zu wecken und deren Geschichte und Gestalt zu akzeptieren. Nicht alles lässt sich vom Zentrum aus programmieren. Und wenn es auf ein und demselben Territorium zu einer ganzen Vielfalt von Erfahrungen des Christseins kommt, muss man das nicht als Konkurrenz auffassen. Der wirklich zentrale Punkt ist der eines in die Kultur und Realität der Stadt und vor allem in deren Ränder eingepflanzten Christentums.

1984 hielt Kardinal Martini, der Erzbischof von Mailand, in der Karwoche die Kreuzwegandacht mitten auf den Straßen der Stadt. Dabei nahm er als Themen der einzelnen Stationen nicht die traditionellen Bilder des Passionswegs Christi, sondern die neuen Formen des Leidens in der Stadt: Gewalttätigkeit, Einsamkeit, Drogen, Korruption usw. Diese Entscheidung hatte ich damals so kommentiert: Der Mensch in der heutigen Stadt dürstet „nach einem Evangelium, das man ihm auf eine ihm vertraute und verständliche Weise erklärt." Und weiter: „Das Evangelium muss in der Stadt vorgelesen werden, denn sie ist der neue Hintergrund, vor dem sich das Leben des Menschen und sein Drama abspielt."[124] Ein in der Stadt und in Konfrontation mit deren Leiden gelesenes Evangelium knüpft den Kontakt zu den Peripherien als privilegierten Orten des christlichen Lebens. Es ist – um das noch einmal zu wiederholen – ein Evangelium, das ganz nah bei den in der Peripherie lebenden Menschen gelesen und gelebt wird.

Papst Franziskus hat vor den Generaloberen der Ordensgemeinschaften die folgende wichtige Aussage gemacht:

„Von einem bin ich fest überzeugt: Die großen Veränderungen in der Geschichte fanden immer dann statt, wenn man die Realität nicht von der Mitte, sondern vom Rand aus ins Auge

---

[124] A. Riccardi, Le „pesti" della città", in: „La nostra assemblea" 1 (1984), 8

fasste. Das ist eine Frage der Hermeneutik: Man erfasst die Wirklichkeit nur dann, wenn man sie von der Peripherie her betrachtet, und nicht, wenn man die Dinge von einem Standpunkt im Zentrum aus in Augenschein nimmt, das in gleichem Abstand zu allem ist."

Die Komplexität der globalen Welt und diejenige der Riesenstädte lässt sich nicht von einem hypothetischen Zentrum aus erfassen, selbst wenn das ein kirchliches oder diözesanes ist, oder dasjenige irgendeiner anderen zentralen Einrichtung. Papst Bergoglio fuhr so fort:

„Um wirklich die Realität erfassen zu können, müssen wir uns in die zentrale Position der Ruhe und Stille begeben und uns in Richtung der peripheren Zone ausrichten. Wenn man in der Peripherie verweilt, hilft das, besser zu sehen und zu begreifen und die Realität besser analysieren zu können, weil man dann vom Zentralismus und allen ideologischen Ansätzen loskommt."[125]

Der „hermeneutische Schlüssel" von Papst Franziskus besteht nicht in einem Reformprojekt für die Kirche mittels stärker dezentralisierter Strukturen. Stattdessen macht er einen Vorschlag, der – meiner Ansicht nach – konstruktiv aufgegriffen und in die Tat umgesetzt werden muss, indem man anfängt und dann weitermacht, in die Peripherien hineinzugehen und die Dinge von unten her zu betrachten. Man muss sich ja tatsächlich fragen, was es heißt, in einer derart anders gewordenen, global verstädterten Welt nach dem Evangelium zu leben. Ich möchte sogar von einer in vieler Hinsicht neuen „Zivilisation"

---

[125] A. Spadaro, *„Svegliate il mondo!" Colloquio di Papa Francesco con i Superiori Generali,* in: „La Civiltà Cattolica" 165 (2014/I), 5 f.

sprechen, wie sie in Folge der Globalisierung entstanden ist. Um dieses so wichtige Unternehmen verwirklichen zu können, das einen historischen Wandel des Christentums des 21. Jahrhunderts darstellt, ist es notwendig, dass man sich in die Peripherien als christlichen Lebensraum und Ausgangspunkt für ein neues Wirklichkeitsverständnis versetzt. Dabei handelt es sich nicht um eine ideologische Stellungnahme, sondern es geht um das neu Überdenken einer Geschichte, die von diesen Standpunkten aus neu anfangen kann und muss, und um eine Vision, die es in dieser Umgebung zu entwickeln gilt. Auf dem globalen Hintergrund kann man nicht die Struktur der Kirche der vergangenen Jahrhunderte reproduzieren.

Angesichts der Stadt findet sich die Kirche im Zwiespalt zwischen einer bereits eingerichteten (und zuweilen alten) territorialen Organisationsform und der Notwendigkeit, angesichts der Mobilität der Menschen und ihrer stark veränderten Verhältnisse wieder „von vorn anzufangen". Das ist jedoch nicht die Stunde der Pastoralpläne oder der gut gemeinten pastoralen Bemühungen. Es ist vielmehr, wie es in *Evangelii Gaudium* heißt, an der Zeit, neue kirchliche und vom Evangelium ausgehende Ansätze zu finden und dabei von recht vielen und unterschiedlichen Situationen auszugehen. Es ist notwendig, die Dimension des „neu Anfangens" von den Peripherien aus zu verstärken.

Die Kirche der Stadt ist nicht so sehr ein klar umschriebener kirchlicher Bezirk, dem pastorale Institutionen vorstehen, sondern eher eine Gemeinschaft unter vielen Wegen des Evangeliums und Geschichten von Gemeinden und Gemeinschaften unter den Wegen von Menschen und Christen. Der globalen Stadt muss man nämlich auf vielfältige Weise begegnen. Dieses ganz neue Verständnis muss die bisherige Vorstellung von der Pfarrei verändern. Sie ist nicht mehr so sehr der pastorale Vorsitz eines klar umschriebenen Territoriums mit einer bestimmten Anzahl ihm zur Betreuung zugewiesener Katholiken, sondern vielmehr ein „Wallfahrtsort", an dem man betet, Raum für das Schweigen findet, wo man in Solidarität lebt und wo man sich brüderlich und schwesterlich begegnet. Die Sicht von der Pfarrei als Wallfahrtsort („santuarizzazione", wie man das in der Pastoraltheologie der Kirche von Buenos Aires nennt) stellt einen wichtigen Übergang bei der Neugestaltung einer katholischen Struktur auf einem Territorium dar (die ihre traditionellen Funktionen nicht vernachlässigen darf).

In diesem Rahmen darf jedoch die Pfarrei nicht die einzige Form der christlichen Präsenz sein, und auch nicht restlos alles an sich ziehen, was es als christliches Leben in ihrem Territorium gibt. Es ist notwendig, im Katholizismus einer Charismatik und einer Vielzahl von Formen christlichen Lebens Raum zu geben, ohne den Anspruch zu erheben, alles zu programmieren und zu leiten. Die Fähigkeit der protestantischen charismatischen Bewegung, viele Menschen zu evangelisieren, stellt eine bezeichnende Herausforderung an die katholische Kirche dar, ebenfalls neue Wege einzuschlagen, ohne sich jedoch in einer bloßen Nachahmung der anderen zu verlieren, die völlig fehl am Platz wäre. Es geht nicht darum, im Inneren des Katholizismus „Parallelkirchen" zu gründen, aber man darf erst recht nicht von der Idee besessen sein, alles regieren zu müssen und vor allem alles in ein klares kirchliches Schema einfügen zu wollen. Es gilt zu begreifen, dass die globale Stadt ungemein viele Wege bietet, um ans Herz ihrer Bewohner zu rühren und auch an dasjenige der Menschen an ihren Rändern. So bleibt für die katholische Kirche in der derzeitigen Situation des Priestermangels die Frage nach den Akteuren dieses Prozesses eines „Neuanfangs" der christlichen Gemeinschaften.

Die beiden Themen „Peripherien" und „globale Stadt" bezeichnen den Übergang zu einem grundlegenden Neuverständnis der Kirche und der Pastoral, um das man sich bereits mühsam und mit Widersprüchen auf dem Zweiten Vatikanischen Konzil bemüht hat, nämlich um den Begriff einer „Kirche des Volkes". Dabei handelt es sich bestimmt nicht um eine Unterbewertung des priesterlichen Dienstes, sondern es geht darum, nicht dem Priester die gesamte Verantwortung für die Pastoral aufzubürden (wie das allgemein der Fall ist, auch wenn es viele gegenteilige Ausführungen dazu gibt und auch immer wieder solche, die sich gegen den Klerikalismus wenden). Es muss ein Volk entstehen, das in seiner ganzen Komplexität und mit wachem Interesse fähig ist, das Evangelium weiterzugeben, es in den Peripherien der Stadt zu leben, verschiedene christliche Lebensformen auszubilden und sich bei all dem als Angehörige der einen großen Familie der Kirche zu verstehen.

Wir sind vermutlich am Anfang eines epochalen Umschwungs, der sich in der Geschichte des 21. Jahrhunderts abzeichnet. Das Pontifikat von Papst Franziskus brachte angesichts der anstehenden Probleme eine befreiende Kraft mit sich und hat folglich auch Widersprüche und Fragen ausgelöst. Wenn der Umschwung nicht gelingen sollte, würde der Katholizismus sich traurigerweise von den peripheren Welten entfremden: Er würde nicht nur keinen Zugang mehr zu diesen Milieus finden, um in ihnen Wurzel zu fassen, sondern sich von ihnen ausschließen. Am Ende wäre er – sogar in der traditionell christlichen Gesellschaft – nur noch eine Minderheit inmitten einer Welt von Minderheiten. Diese unsere Zeit erweist sich als säkularisiert, aber mehr noch gleichsam von einer pulverförmigen Religiosität durchwirkt, und es gibt diffus noch eine Fülle von religiös geprägten Wörtern und Botschaften. Aber welchen wirksamen Impuls wird diese Welt noch vom Evangelium her erfahren, in der die Religion nur noch nebulös ist?

Das klare Anzeichen einer epochale Wende wäre der Übergang von einer kirchlichen Gemeinschaft zu einer Kirche des Volkes. Aber diese Wende hat ihren Ansatzpunkt in dem Christentum, das in den Peripherien gelebt wird. Das ist ein Prozess, den Papst Franziskus klar erkannt und eingeleitet hat. Aber er kann nicht das Produkt des Willens eines einzigen Menschen sein, selbst wenn er über charismatische Qualitäten und seine kirchliche Autorität verfügt. Er ist die Frucht einer Reifungsphase und einer neugeborenen evangelischen „Leidenschaft" für die Peripherien und die an den Rändern lebenden Menschen. Er ist die Geschichte der Begeisterung für das Evangelium und seine Verwurzelung in den großen Städten. Dort finden sich die Schwierigkeiten einer Welt, die – dank der Medien und der Globalisierung – glaubt, die Peripheren zu kennen, aber ihnen nicht begegnen oder sich sogar regelrecht gegen sie abschotten will. Wie lässt sich die Leidenschaft für die Peripherien neu entfachen? Aber trotz so vieler ganz in die Gegenrichtung weisender Anzeichen ist die Wendung dorthin nie abgebrochen. Sie wird sichtbar auf zahlreichen menschlichen Lebenswegen und Initiativen zur Weitergabe des Evangeliums. Die leidenschaftliche Hinwendung zu den Peripherien ist nicht nur eine Orientierung seitens des Pontifikats von Papst Franziskus und sie ist auch nicht nur dem evangelischen und missionarischen Geist zu verdanken, der vom Zweiten Vatikanischen Konzil ausging, sondern sie ist etwas, das die Christen im Lauf ihrer Geschichte schon immer gelebt haben. Es handelt sich dabei um jenen „Exodus" des Christentums aus seinem festgefügten Rahmen, von welchem verschiedene Phasen seiner Geschichte geprägt waren und der heute wieder als Perspektive und Frage ansteht. Die Leidenschaft ist auch die Fähigkeit, sich von der Präsenz der „Anderen" in Frage stellen zu lassen, von dem, was sie infolge der Geschichte sind, nämlich Fremde (wenn man an die Gläubigen anderer Religionen wie etwa die Muslime denkt) oder Menschen, die sich vom Christentum distanziert haben. Ein „missionarisches" Christentum, also ein zu einer universalen Wirksamkeit fähiges (und von Anwandlungen, sich auf den Status einer Minderheit oder Sekte zurückzuziehen, freies) verspürt den Impuls, dem Anderen persönlich zu begegnen und sich von seinem Anderssein in Frage stellen zu lassen.

Wenn wir in manchen Bereichen ganz am Anfang sind und wenn die Peripherien aus kirchlicher Sicht als fremdartige Stätten anmuten, so gibt es doch auch andere – und nicht wenige –, in denen bereits Anfänge gemacht und Wege beschritten und gefestigt worden sind. Wir müssen diese Form kirchlichen Lebens in den Peripherien besser kennen lernen und uns von ihm etwas sagen lassen. Es ist notwendig, dass wir diese Erfahrungen zu uns sprechen lassen, die eine wichtige Seite in der Geschichte des Lebens in der Welt und in der globalen Stadt schreiben. Das Entstehen dieses Christentums in der Peripherie – ganz gleich, wie dauerhaft es sein mag – verleiht den

uralten Strukturen, den historischen Stätten und „Wall-
fahrtsstätten" der Kirche in der Stadt wieder Sinn. Diese
können zu Anlaufstellen und Stätten der Gemeinsamkeit
für ein Volkschristentum werden, das in der Stadt lebt,
selbst wenn es nicht immer eine Stimme hat und nicht
bekannt ist.

Wenn man mit dem Evangelium von der Peripherie
her anfängt, entspricht das dem tiefen Anspruch, den der
christliche Weg in der Geschichte darstellt. Dabei handelt
es sich um keine Strategie dafür, Schritt für Schritt ins
Zentrum der Gesellschaft vorzustoßen, sondern um ein
entschiedenes Vorangehen, um ins Herz der christlichen
Botschaft vorzudringen. Die Erneuerung der Kirche und
des christlichen Lebens beginnt am besten damit, dass
man eine Leidenschaft für die Peripherien und die an den
Rändern Lebenden entwickelt, und besser noch, dass man
wiederentdeckt, welche Freude einem die Erfüllung der
Aufgabe macht, das Evangelium in der Peripherie zu leben
und weiterzugeben.

KAPITEL 4

Einige Fragmente christlichen Lebens am Rand

Sich ganz erniedrigen

Die Suche nach den zahlreichen Geschichten über Christen, die an den Rändern der menschlichen Gesellschaft lebten, ist unter manchen Aspekten noch ganz am Anfang. Aber es bleibt beeindruckend, wie in der orthodoxen Welt nicht nur das Mönchtum das Anderssein gegenüber der „christlichen" Stadt oder der Kirche der Stadt verwirklichte, sondern sich dort auch eindrucksvolle Lebensläufe entwickelten, deren Grundausrichtung darin bestand, als Randsiedler gegenüber der Kirche und den bestehenden, von der Religion gesegneten zivilen Institutionen zu leben. Das war die Lebensweise der „Gottesnarren". Über sie wurde schon viel geschrieben, aber sie stellen immer noch etwas für die westliche Mentalität Verblüffendes dar. Da gab es zum Beispiel in Byzanz die „Toren um Christi willen", und das waren sicher wesentlich mehr als diejenigen, die offiziell heilig gesprochen wurden: Heilige, die als *salos*, „töricht" bezeichnet wurden, also heilige Toren. Diese Narren tauchten von Syrien bis Ägypten im Mönchtum auf. Sie hatten ein fremdartiges Verhalten und wurden von ihren Mitbrüdern verachtet. Aber dann entdeckte man, dass der törichte Mönch „ein verborgener Diener Gottes" war, ein zu respektierender, ja zu verehrender Heiliger. Von diesem Zeitpunkt an verschwanden die Narren aus dem Kloster und flohen vor der Verehrung, mit der man sie zunehmend umgab. Sie streiften durch die Welt und es gab über sie keine weiteren Nachrichten mehr.

Aber es gab auch noch eine weitere Anzahl heiliger Narren: Mönche, die in die Stadt zurückkehrten, nachdem sie ein Leben des Gebets geführt hatten, und sich irritierend verhielten. Die Lebensbeschreibungen von Simeon Salos aus dem 7. und Andreas Salos aus dem 10. Jahrhundert führen eine Heiligkeit vor Augen, die sich in einer augenscheinlich widersprüchlichen und randständigen Existenz versteckte. Mit dem Ende des Gegensatzes zwischen der Mönchsbewegung und dem Christentum der Stadt, aber vor allem mit dem Hochkommen des Islams und dem Ende der Antike verschwanden diese Gestalten christlicher Toren und Randgestalten. Die Probleme der christlichen Gemeinschaft in der muslimischen Welt ergaben sich jetzt daraus, dass sie auf den Rang diskriminierter Minoritäten absanken, und zuweilen waren sie in der islamischen Stadt sogar Verfolgungen ausgesetzt.

Das russische Christentum führte dann die byzantinische Tradition fort. So wurde zum Beispiel die Lebensbeschreibung von Andreas Salos im 13. Jahrhundert ins Russische übersetzt und dessen Bild findet sich auf russischen Ikonen.[126] Das slawische Christentum war tatsächlich ein fruchtbarer Boden, auf dem sich solche, im Hinblick auf die Kirche und ihre Institutionen, verrückte und randständige Existenzen entwickeln konnten. Sie zeichneten sich durch einen tiefen Nonkonformismus aus, eine prophetische Gabe im Vergleich zu den gewohnten Formen

---

[126] Vgl. *I santi folli di Bisanzio. Vite di Simeone e Andrea*, hg. v. P. Cesaretti, Mailand 1990, 5–32.

des christlichen Lebens sowie durch anti-institutionelle Einstellungen gegenüber der Hierarchie der Kirche und des Staats.

Der erste in Russland bekannte Narr in Christo, *Juridiwy*, hieß Isaak und seine Geschichte wurde gegen Ende des 11. Jahrhunderts von einem seiner Mitmönche im Kiewer Höhlenkloster erzählt. Er war ein reicher Kaufmann gewesen, aber dann Mönch geworden und hatte angefangen, ein seltsames Leben zu führen und zwar außerhalb des Rahmens der festgelegten Verhaltensweisen.[127] Die Geschichte der Narren in Christo in Russland durchlief verschiedene Phasen und Gestalten und währte bis ins 19. Jahrhundert und in die Anfänge des zwanzigsten hinein. Unter ihnen waren Pilger, Bettler, Obdachlose: solche Arme im Geist, die das Paradox eines „närrischen" christlichen Lebens verkörperten, das sie als Randgestalten und Außenseiter führten, ja in dem sie sich selbst an den Rand der Gesellschaft und des kirchlichen Rahmens begeben hatten. In der slawischen Spiritualität gibt es eine volkstümliche Verehrung dieser Gestalten; im Westen dagegen werden entsprechende Persönlichkeiten allgemein als „Ausschuss" der Gesellschaft betrachtet.

In der russischen Kirche wurden auch die Narren in Christo als Heilige angesehen, die für sich die Armut im Geist und im Leben gewählt hatten. Sie lebten als Asketen, blieben jedoch freie Menschen, waren fähig zu Kritik und Humor wie zur Prophetie und zur Polemik gegenüber den in Kirche und Politik Mächtigen. Wurde ihr Leben von der Hierarchie kritisiert, so fanden diese „Narren" bei

---

[127] Vgl. I. Gorainoff, *Les fols en Christ dans la tradition orthodoxe,* Paris 1983, 53–55.

der Bevölkerung, die sie verehrte, Begleitung und Schutz. Die ersten Narren in Christo waren Laien und Frauen: „Der Heilige, der auf jeglichen Anschein von Vernunft und Moral verzichtet, ist dank einer besonderen Klarsicht imstande, alle Formen der frommen Heuchelei aufzudecken und in Frage zu stellen, also alle von einem tief sitzenden Laster erzeugten ‚falschen‘ Tugenden."[128] Die orthodoxe Theologin Elisabeth Behr-Sigel schrieb:

> „*Diese Schwachen und in ihrem Menschenverstand Erniedrigten empfand das Volk als Starke nach dem Bild der verborgenen Weisheit Gottes, der von den Machthabern dieser Welt verachtet und gekreuzigt wurde, aber für die, welche glauben, Kraft Gottes ist* (vgl. 1 Kor 2)."[129]

In ihnen spiegelte sich auf geheimnisvolle, aber reale Weise das Bild des sich selbst entäußernden Christus, der sich erniedrigt bis zum Tod, ja bis zum Tod am Kreuz. In ihrer Torheit und der Unordnung ihres Lebens, verglichen mit dem klar geordneten Leben in Kirche und Gesellschaft, offenbarte sich die „törichte Liebe" Gottes, die ihren klarsten und erschütterndsten Ausdruck in der Torheit des Kreuzes gefunden hatte. Es bleibt beeindruckend, dass in einer Gesellschaft wie der russischen, worin vollkommener Einklang zwischen dem zaristischen Staat und der orthodoxen Kirche herrschte und alles genau geregelt und religiös abgesegnet war, gläubige Männer und Frauen sich aus einer inneren Entscheidung heraus zu Randexistenzen machten, zu eigenartigen Gestalten und Narren, und damit vor Augen führten, dass das Christentum eine

---

[128] E. Behr-Sigel, *Prière et sainteté dans l'Église russe,* Paris 1950, 94.
[129] E. Behr-Sigel, *Discerner les signes du temps,* Paris 2002, 38.

Torheit sei, die weit über die heilige Ordnung der Gesellschaft hinausgehe. Diese Torheit ging einher mit der Armut, der Askese und dem Gebet, aber auch mit nichtkonformistischen Lebensstilen und Randpositionen in einer Gesellschaft, die ihrerseits der Kirche eine zentrale Rolle in ihrer Lebensordnung und Städteplanung gab. So brachten die Narren in Christo in extremster Weise diesen „paradoxen" Charakter des christlichen Lebens zum Ausdruck, von dem schon im Brief an Diognet die Rede ist.[130] Das paradoxe Geheimnis dieser Prophetie ist genau die Aussage, dass Christ sein und Randexistenz sein eng zusammengehören.

Zur Zeit des Verfalls des religiösen Lebens im 17. Jahrhundert begannen Staat und Kirche, diese paradoxen Äußerungen des christlichen Lebens strenger zu kontrollieren. Die Kirche nahm keine Heiligsprechungen solcher Gestalten mehr vor, wie sie das in den Jahrhunderten davor getan hatte. Aber dennoch blieb der *Jurodstvo*, die Narrheit um Christi willen, ein unterschwelliger Zug in der Spiritualität und im religiösen Leben Russlands und äußerte sich immer wieder einmal in Gestalt ganz besonderer Ausdrucksformen und Persönlichkeiten, bei denen es oft schwer fällt, prophetisches Leben und asoziales Dasein auseinander zu halten. Jedenfalls ist das ein konstanter Zug der russischen Spiritualität.

Im übrigen konnte nicht einmal Zar Peter der Große mit all seiner Strenge und Unerbittlichkeit, mit der er auf Reformen in Richtung abendländischer Kultur drang, es fertig bringen, dieses Phänomen ganz verschwinden zu

---

[130] (Anm. d. Ü.:) Eine frühchristliche Schrift aus dem 1.–2. Jh.

lassen.[131] Selbst unter der streng antireligiösen Ordnung, die der Gesellschaft dann zur Sowjetzeit aufgezwungen wurde, konnte diese Bewegung der christlichen „Torheit" nicht ganz ausgemerzt werden, sondern sie lebte im Untergrund weiter. Eine ganz besondere heilige Närrin stellt die Gestalt der Matrona Nikonova dar, einer einfachen Frau, die blind war, zur Sowjetzeit in Moskau lebte und noch zur Stalinzeit, nämlich 1952 starb. Sie lebte am Rand der Gesellschaft, betete jedoch immer – besonders während des Kriegs – um die Rettung Russlands und übte einen Dienst des Mitleids und der Fürbitte für die Kranken und Leidenden aus. Eine solche Gestalt – eine arme Frau, die jedoch über die Gabe der Klarsicht und des Mitgefühls verfügt – stellte in der alles unterdrückenden sowjetischen Rationalität etwas Unerträgliches dar. Aber im russischen Volk ging insbesondere während der Jahre des Zweiten Weltkriegs das Gerücht um, Stalin selbst habe sich heimlich an sie gewandt, sie solle mit ihren Gebeten den Schutz Moskaus vor den Angriffen der Deutschen erflehen. Es gibt sogar kleine volkstümliche Ikonen, auf denen die Heilige neben Stalin abgebildet ist.[132] Heute ist ihr Heiligtum in der russischen Hauptstadt der Mittelpunkt von Wallfahrten und Gegenstand großer Verehrung.

Männer und Frauen, die sich derart zu Randgestalten der Gesellschaft machen, dass sie als Toren erscheinen, verkörpern mit ihrem Leben in einer christlichen Gesellschaft die Weisheit des Kreuzes. So erzählt der Archi-

---

[131] I. Gorainoff, *Les fols en Christ* a.a.O. 149.

[132] Vgl. *Monachesimo nel mondo. Testimonianze di santità laica nella tradizione spirituale russa*, hg. v. A. Piovano, Mailand 2010, 50–53; A. Roccucci, *Stalin e il patriarca. La Chiesa ortodossa e il potere sovietico*, Turin 2011.

mandrit Spiridon von einer Begegnung mit einem Narren in Christo in seinem Geburtsdorf gegen Ende des 19. Jahrhunderts, in den Worten dieses Mannes, den viele als Heiligen betrachteten, hätten sich Weisheit und Seltsamkeit miteinander vermischt. Er habe zu ihm Folgendes gesagt: „Sie sagen, dass ich ein Narr sei. Aber mein Lieber, ohne Narrheit kommt man nicht ins Reich Gottes ... Solange die Menschen vernünftig und besonnen sind, wird das Reich Gottes nicht auf die Erde kommen."[133]

Sich zum Fremden
gegenüber der eigenen Kirche machen

Einige Aspekte dieser Narrheit um Christi willen finden sich im besonderen Lebenslauf des Archimandriten Fjodor Bucharew, in Russland 1822 geboren und gestorben 1871. Bucharew war ein gelehrter Mönch; er gehörte der Schicht des gebildeten und intellektuellen Klerus an und war der Verfasser theologischer Werke, die viel Interesse fanden und Diskussionen auslösten. Als junger und in kirchlichen Kreisen recht bekannter Mann hatte er gute Aussichten auf eine vielversprechende Karriere. Nach fünfzehn Jahren monastischen Lebens und dem Theologiestudium bat er darum, in den Laienstand zurückversetzt zu werden. Mit dieser Entscheidung, von der ihn die kirchlichen Autoritäten nicht abzubringen vermochten – auch nicht mit viel Druck –, zog er sich bittere Vorwürfe und Anschuldigungen zu. Ein derartiger Schritt war im zaristischen Russland nicht leicht, weil man da-

---

[133] Archimandrita Spiridone, *Le mie missioni in Siberia*, Turin 1982, 35.

durch zu einem Paria der Gesellschaft verurteilt wurde, in der ja die Verbindung von Kirche und Staat recht eng war. Seine Rückversetzung in den Laienstand wurde aus juristischer Sicht geradezu eine „Bestrafung", die ihn derart zeichnete, dass er nur noch schwer Herausgeber für seine Bücher und Möglichkeiten für seinen Lebensunterhalt finden konnte. Mit dieser Entscheidung versetzte sich Bucharew also selbst an den Rand der Gesellschaft. Er betrachtete seinen Laien-Status nicht als Abstieg gegenüber dem Mönchsstand. Diese Wahl hatte er aus theologischen Gründen getroffen. Nach seinem Widerruf der Mönchsgelübde und seiner Suspendierung vom kirchlichen Status heiratete er kirchlich und betonte damit den Wert der Ehe als Wahl eines Standes, den er für gleich würdig erachtete wie die Ehelosigkeit der Mönche.

Als Intellektueller und Mönch hatte er ein hoch geachtetes Leben geführt. Aber jetzt begann er mitten unter ganz gewöhnlichen Menschen ein Dasein als Laie zu führen, in dem er jedoch den mönchischen Geist weiterhin pflegen wollte. Diese Wahl betrachtete er als den für ihn richtigen Weg: „Im Zeugnis des ‚Lebens in Christus', das die Christen unter den schwierigen Bedingungen der irdischen Existenz geben, äußert sich das königliche Priestertum aller Getauften, das glorreich und zugleich auch schmerzvoll ist", schrieb Élisabeth Behr-Sigel als eine der ersten Persönlichkeiten im Westen, die sich über die Entscheidung von Bucharew gründlicher Gedanken machten.[134]

---

[134] É. Behr-Sigel, *Aleksandr Bucharev: l'ortodossia e il mondo moderno*, in: *La grande vigilia. Atti del v Convegno ecumenico internazionale di spiritualità russa*, hg. v. A. Mainardi, Magnano (BI), 195–210; vgl. auch dies., *Discerner les signes du temps*, a.a.O. 71 f. Alexander Bucharew legte sich seinen Mönchsnamen Feodor zu.

Das Leben Bucharews blieb nicht vor großen Schwierigkeiten verschont. Zur Demütigung durch die kirchliche Autorität, die seine Entscheidung entschieden verurteilte, kam hinzu, dass er zusammen mit seiner Frau extreme Armut und Einsamkeit erleiden und den schmerzlichen Tod seines einzigen Sohns miterleben musste. Er hatte nur wenige Freunde, die ihn bis ans Ende unterstützten. Diese bezeugten seine heitere Einfachheit und (mönchische) Demut in einem nicht leichten Leben als Laie.[135] Seine Option war es gewesen, mitten unter den ganz gewöhnlichen Menschen zu leben, am Rand, und in Selbstentäußerung das Geheimnis der Gegenwart Christi zu leben.

Bucharew hatte geschrieben: „Sich heute mit Christus vereinen, heißt ihm nachfolgen, indem man einzig mit den Waffen des Glaubens, der Hoffnung und der mitfühlenden Liebe in diese Hölle hinabsteigt. Weder Kreuzzüge gegen die heutige Welt führen, noch sie fliehen, noch vor ihr in die Knie gehen. Sondern innerlich erleuchtet sein … Das könnte die Aufgabe der Menschen sein, die heute wirksam handeln und denken wollen, und das wären zugleich Menschen der Kontemplation …"[136]

Nach der Auffassung vieler Zeitgenossen hatte Bucharew mit seinem Verzicht auf alle die Möglichkeiten, die ihm sein kirchlicher Status geboten hätte, und mit seiner Rückstufung in den Laienstand und Selbstverdammung zu einem harten Leben am Rand einen regelrechten geistlichen Selbstmord begangen. Aber andere sahen das so, dass in ihm der Geist der Narren in Christo lebte, dieser Randsiedler der Kirche und der Gesellschaft, deren

---

[135] Vgl. *Monachesimo nel mondo* a.a.O. 181 f.

[136] É. Behr-Sigel, *Discerner les signes du temps* a.a.O. 89 f.

Existenz so großen prophetischen Wert hatte. Selbstmord oder prophetische Existenz? Das bleibt angesichts des Lebens der Narren in Christo zu jeder Zeit die große Frage. Nach der Überzeugung von Paul Evdokimov wurde Bucharew mit seiner paradoxen Entscheidung zum Initiator eines „Mönchtums der Laien" gerade in der heutigen Welt, mitten unter ganz gewöhnlichen Menschen, ohne Angst, dadurch zum Randsiedler der kirchlichen Kreise und Institutionen zu werden. So sah ihn auch Pater Aleksander Men, der 1990 ermordet wurde, vermutlich als letztes Opfer des KGB[137]: Bucharew war ein Christ, der sich in seine Zeit hineinversetzte und dabei zugleich versuchte, von einem Leben am Rand her deren Zeichen und Ausrichtungen zu erfassen. Dieser Zug seines Lebens ist eine Narrheit, die für die Christen in der heutigen Welt zur Prophetie wird: Auch in ihr kann man aus einem tiefen Glauben heraus leben und so ein echtes Mönchtum verwirklichen.

Die russische Kirche von Sibirien aus gesehen

Eindrucksvoll ist auch das Leben von Archimandrit Spiridon, eines 1875 geborenen Russen, der die schmerzliche Zeit des Ersten Weltkriegs und der bolschewistischen Revolution miterlebte. Schon als Jugendlicher hatte er sich auf einen tiefgründigen und intensiven Weg der Gottsuche begeben, der nicht ohne Augenblicke der Krise und des Falls gewesen war. Er wurde Mönch und Priester. Aber in der Auseinandersetzung mit der russischen Kirche

---

[137] É. Behr-Sigel, *Aleksandr Bucharev* ... a.a.O. 195.

und ihren Hierarchien reifte in ihm ein stark kritisches Bewusstsein heran wegen deren Verbindung zur Macht, ihrer Beziehung zum Geld und weil sie den Krieg sakralisierten. Dieses Bewusstsein bildete sich bei Spiridon auf dem Weg über ein Leben an den Peripherien des Reichs und mit den am äußersten Rand Lebenden aus, insbesondere in Sibirien.

Im letzten Jahrzehnt des 19. Jahrhunderts fühlten sich nicht wenige Russen dazu hingezogen, ihr Land zu verlassen, um sich der Gottsuche im Mönchsleben zu verschreiben, oder sie machten sich auf die Pilgerschaft ins Heilige Land oder auf den Athos, aber auch in die Missionen in Sibirien, welches das russische Reich damals kolonisierte. Diese geistliche Bewegung erfasste auch Spiridon, so dass er – noch Laie – sich der Predigt in der sibirischen Bevölkerung verschrieb. Dort lernte er dann die in geistlicher und menschlicher Hinsicht äußerst schwierige Situation der ansässigen Bevölkerung kennen sowie auch die unmenschlichen Lebensbedingungen der Sträflinge und Deportierten. Er begegnete diesen ausgegrenzten Menschen und hörte sich ihre Geschichten an. Dabei kam er zur Überzeugung, dass das Leben der russischen Christen, die nach Sibirien kamen, für die Ansässigen oft anstößig war, weil sie es als Widerspruch zur Botschaft des Christentums empfanden.

In der Welt Sibiriens stellte Spiridon fest, wie stark die Botschaft des Evangeliums wirkte, die er predigte, empfand jedoch auch großes Mitleid mit diesen Menschen, die in dieser Welt der Verlassenheit und der großen Einsamkeit lebten. Das Erlebnis der riesigen russischen Peripherie, wo er die Zwiespältigkeit der Kolonisierung vor Augen hatte und die große Armut sah, veränderte sein Leben zutiefst. Besonders beeindruckten ihn die Lebensverhältnisse der Sträflinge und nach Sibirien Deportierten, wie etwa dasjenige eines „Altgläubigen", der sich anfangs über ihn und seine Predigt lustig gemacht hatte. Doch ab einem bestimmten Zeitpunkt rührte diesen Mann die Güte Spiridons zutiefst an. Er sagte zu ihm:

> „Sie haben mich zutiefst beeindruckt, denn in einem so großen Sünder, im letzten Zwangsarbeiter, haben Sie einen Menschen entdeckt und was für einen Menschen! Einen Sohn Gottes! … Alle verachten uns, alle sehen uns an, als seien wir abscheuliche Kreaturen, und wir hassen uns auch selbst … Aber Sie, Sie haben uns ganz anders empfunden. Wisst, Vater, wie ungemein gut uns das tut, als Menschen angesehen zu werden. Faktisch mögen wir wahrscheinlich wilde Tiere sein, aber dennoch sind wir Menschen! Warum verachten sie uns? O mein Vater, wenn alle uns so behandeln würden wie Sie, glaubt mir, dann gäbe es auf Erden keine Kriminellen mehr. Das Schlechte lässt sich nur mit dem Guten überwinden … Von meiner Kindheit an habe ich von niemandem ein gutes Wort zu hören bekommen."[138]

So sahen viele Geschichten der leidenden und an den Rand verstoßenen Menschen aus, die der Archimandrit in seinen Erinnerungen an seine Mission in Sibirien schilderte. In dieser Welt der Verlassenheit erfuhr Spiridon die Kraft der Botschaft des Evangeliums, die eine Botschaft der Vergebung und des Mitleids ist. Zu einem Sträfling, der der Kirche abgeschworen hatte, sich von den Priestern verraten fühlte, der fluchte und sich für verdammt hielt, sagte er:

> „Denk an Christus: Er hat die Welt nicht verflucht, die ihn ans Kreuz geschlagen hat, sondern er hat für sie gebetet. Unsere

---

[138] Archimandrit Spiridon Le mie missioni in Siberia a.a.O. 62.

Menschenflüche sind das Zeichen unserer Ohnmacht und der Schwäche unserer eigenen Kräfte ..."[139]

Ein Häretiker, der ihn hatte predigen sehen und beeindruckt war von seiner Zärtlichkeit für alle, unabhängig von ihren Umständen und Entscheidungen, fragte ihn unter Tränen:

„Warum sagen die Priester nicht alle das? Wenn sie uns beibringen würden, das Evangelium richtig zu verstehen, würde sich unser Leben radikal ändern. Ich habe Sie mehr als einmal gehört, und mehr als einmal habe ich gesehen, wie Sie mit den Häftlingen umgehen ... Für Sie sind alle gleich und Sie sind für alle ein echter Bruder, ein gemeinsamer Bruder."[140]

In der großen menschlichen Peripherie des Lebens der Deportierten und Inhaftierten in Sibirien, aber auch unter den schwierigen Umständen der Bevölkerung dieser Region empfand Spiridon mit Bitterkeit die tiefen Widersprüche des russischen Christentums, das auch in diesen Gebieten mit der zaristischen Macht und der Stärke einer Staatskirche auftrat und nicht mit Menschlichkeit und Worten des Mitleids. Von dieser Peripherie her versteht man auf schmerzliche Weise besser die Grenzen der russischen Kirche, selbst wenn es sich dabei um einen ganz besonderen Blickwinkel handelt. Ein buddhistischer Lama, der ihn hatte predigen hören, wandte sich folgendermaßen an ihn:

„So lehrte Christus; aber ihr Christen seid nicht so! Ihr führt euch wie wilde Tiere auf. Ihr solltet euch schämen, von Christus

---

[139] Ebd. 78.
[140] Ebd. 84.

zu sprechen, ihr, die ihr den Mund ganz mit Blut verschmiert habt. Unter uns gibt es keinen, der schlimmer lebt als die Christen. Wer begeht denn mehr Schwindel, lebt zügelloser, raubt, lügt, führt mehr Krieg und mordet mehr? Die Christen."[141]

Der Lama erinnerte daran, dass mit dem Bau der transsibirischen Eisenbahn russische Arbeiter gekommen seien: Trunksüchtige, die den Frauen des Orts Gewalt angetan hätten, alles ausgeraubt hätten, so dass sich Gewaltakte ausgebreitet hätten wie noch nie. Angesichts dieser derart widersprüchlichen Situation stellte sich Spiridon die Frage: „Sind die wahren Feinde der christlichen Predigt in Wirklichkeit nicht wir Christen?"[142] Beim Blick auf das Christentum von diesen Peripherien her kam es ihm vor, als breite sich das Heilige Russland mit Stolz und Aggressivität von der Mitte her nach allen Seiten aus, aber ohne wirklich zu anziehender Barmherzigkeit fähig zu sein. Von der sibirischen Peripherie aus, dieser auf den Kopf gestellten, von Unglücklichen bewohnten Welt ging ihm am Vorabend der Revolution das Drama der Kirche und des Landes auf. Er schrieb:

„Unser ganzes russisches Land ist von Kirchen, Klöstern und Kapellen jeglicher Art übersät. Aber wenn man sich unser Leben ansieht, kommen wir in große Verlegenheit und müssen zugeben, dass wir nicht nur keine Christen sind, sondern solche auch noch nie waren, ja dass wir überhaupt keine Ahnung haben, was Christsein heißt! Dennoch dürfen wir nicht verzweifeln … Ich bin fest davon überzeugt, dass Gott Russland liebt und es niemals sterben lassen wird."[143]

---

[141] Ebd. 51.
[142] Ebd. 53.
[143] Ebd. 106.

Das zuversichtliche Vertrauen des Archimandriten Spiridon, dass Gott sein Vaterland liebe, ist keine Form von Nationalismus, sondern ihm war von da an klar geworden, wie zerbrechlich das russische Christentum war und er wünschte sich, dass es sich tiefgreifend erneuere. Spiridon war im Kontakt mit dieser armen und peripheren Welt ein anderer geworden, ein Priester, der den hohen Anspruch des Evangeliums vertrat. In den folgenden Jahren kam dieser sein besonderer Charakterzug kraftvoll zum Ausdruck. Spiridon akzeptierte nicht die Sakralisierung des Krieges, wie sie im Ersten Weltkrieg die orthodoxen religiösen Autoritäten im Namen des heiligen Russlands betrieben. Später beugte er sich nicht vor der Sowjetmacht und das trotz deren Gewalttätigkeit und drückenden Religionsverfolgung.

Er leitete in Kiew eine einflussreiche orthodoxe Bruderschaft von Intellektuellen, Studenten und zugleich auch armen Leuten, die sich zu seinen außergewöhnlichen liturgischen Feiern versammelten (worin er einige Neuerungen einführte, die von der Hierarchie ungern gesehen wurden, wie zum Beispiel dass er bei offenen Türen der Ikonostase zelebrierte). Das war die „Bruderschaft vom Süßesten Jesus". Auch während seiner Zeit in Kiew war Spiridon der Welt der Armen sehr nahe. Er schrieb: „Es war unmöglich, nicht vom Mitleid mit diesen unglücklichen Arbeitern gerührt zu sein, die nach ihrer langen Arbeitszeit an die Hafenmole gingen, um dort die Nacht im Schlafsaal zu verbringen."[144] Während des Ersten Weltkriegs (in dem ihn der Kontakt mit den Verwundeten und das Sterben an der Front erschütterte) und auch während

---

[144] S. Merlo, *Una vita per gli ultimi. Le missioni dell'archimandrita Spiridon*, Magnano (BI) 2008, 81.

seines Lebens in der Stadt Kiew zur zaristischen und dann sowjetischen Zeit war er immer darauf aus, sich auf die Seite der an den Rand Gedrängten zu stellen und das Leben vom Standpunkt ihrer Leiden her zu sehen.

Spiridon starb 1930, also mitten in der Sowjetzeit, als inzwischen schon viele Kirchen geschlossen worden und viele Priester verhaftet worden waren, das religiöse Leben hart unterdrückt wurde und die Zahl der Märtyrer für den Glauben stark anstieg. Nach seinem Tod begleiteten Hunderte von Armen seinen Sarg zum Begräbnis, das große Anteilnahme fand. Einer seiner Anhänger formulierte die Erinnerung an ihn bei dieser Feier so, dass er ihn als Priester der Randständigen und der Armen bezeichnete:

> „Dein Herz fühlte sich mehr als zu allem anderen zu den Unglücklichen hingezogen, den Erniedrigten und Leidenden. Mehr als an allem anderen lag dir daran, in Wohnzimmern und Kellergemächern zu predigen und mitten unter Menschen, die von zu schweren Strafen niedergedrückt waren, wohin zu gehen die Altardiener vermieden und wo sie dir anfangs mit Misstrauen begegneten, dann mit Staunen und schließlich mit Liebe.“[145]

Eine Nonne im Lager

Eine andere, bekanntere Geschichte, diejenige von Elisabeth Skobtsova, einer Nonne mit dem Namen Mat'Marija, reiht sich in die Reihe von „verrückten" Entscheidungen für die Welt der Randständigen ein und wurzelt in der slawischen Spiritualität. Das ist das Abenteuer einer Frau

---

[145] Ebd. 184.

aus Russland gegen Ende des 19. Jahrhunderts, die aristokratischer Herkunft war und über große künstlerische Sensibilität verfügte. Ihre Geschichte spielte in den harten Jahren der bolschewistischen Revolution und führte sie schließlich ins Exil in Frankreich, wo sie eine tiefgreifende Bekehrung zum Glauben der orthodoxen Kirche durchmachte. Sie kam in den 1920er Jahren nach Paris, wo eine große Anzahl von Exilrussen lebte. Diese geografischen Angaben sagen noch nicht viel von der Biografie dieser ausgeprägten, leidenschaftlichen, komplexen Persönlichkeit, die sich nach verschiedenen Erfahrungen in intellektueller Hinsicht wie im Gefühlsleben schließlich dem Klosterleben verschrieb. Ihr Lebenslauf besteht aus vielen und recht unterschiedlichen Kapiteln. Um es mit den Worten von Olivier Clément auszudrücken: Er ist zutiefst gezeichnet von der „Revolte des Geistes". Es ist eine Existenz, in der sich die Persönlichkeiten des Russlands von Zar Nikolaus II. und andererseits der Welt der Bolschewiken und der revolutionären Kämpfe überkreuzten. 1920 ging die künftige Mat'Marija aus Russland ins Exil, aber dennoch blieb Russland ihr „geistliches Heimatland". Die Wanderung dauerte bis 1923, als sie mit ihrem zweiten Ehemann in Frankreich landete. Dort lernte sie das intensive christliche Leben der russischen Studenten kennen sowie das (1924 gegründete) Institut Saint-Serge für orthodoxe Theologie, und sie begegnete Persönlichkeiten wie Bulgakow oder Berdjajew und Lew Gillet. Infolgedessen reifte ihre Entscheidung für ihren christlichen Weg, der sich durch einen starken Durst nach Authentizität auszeichnete, und daraus wurde auf ganz eigentümliche und paradoxe Weise die Entscheidung für das Leben als Nonne.

Mat'Marija entdeckte also im Westen auf radikale Weise das orthodoxe Christentum und wurde Nonne. Sie lebte dabei in der Welt und unter den Armen, sowohl denjenigen, die aus Russland eingewandert waren, als auch denjenigen von Paris. Das war etwas für die monastische Tradition Russlands Ungewöhnliches. Diese ganz besondere Nonne wurde zutiefst von der Armut so vieler Menschen angerührt, die für sie zum Aufruf wurde, ein anderes Leben zu führen. Ihr klösterliches Haus wurde zur gastlichen Stätte für zahlreiche vom Leben Angeschlagene. Dabei fehlte nicht die Liturgie, aber das Leben war alles andere als regulär im Sinn der klassischen klösterlichen Vorschriften. Mat'Marija zeichnete sich in ihrer Gottsuche und mit ihrer Liebe zu den Menschen durch große spirituelle Freiheit aus.

Im von den Nazis besetzten Paris landeten ihr Sohn Juri und Vater Dimitri, ein russischer Priester, der mit ihr zusammenarbeitete, im Jahr 1943 in den Händen der Gestapo. Mat'Marija suchte nach ihnen und hoffte, sie frei zu bekommen. Um sie zu retten, scheute sie sich auch nicht, die nationalsozialistische Polizei herauszufordern, worauf sie ebenfalls verhaftet und dann nach Ravensbrück deportiert wurde. Als Schuld wurde ihr ihre Solidarität mit den Juden angerechnet. Die alte Mutter der Klosterfrau erklärte dem Gestapo-Beamten, der das Kloster-Haus durchsuchte, in dem die Verfolgten versteckt waren: „Meine Tochter ist Christin. Für sie gibt es weder Juden noch Griechen, sondern nur Menschen in Gefahr. Wenn ihr es nötig hättet, würde sie auch euch helfen!" Die Deutschen wollten in die Aktivitäten dieser Frau eingreifen, die es sogar fertig gebracht hatte, eine Gruppe jüdischer Kinder aus der Hoffnungslosigkeit im

Pariser Velodrom herauszuholen, wo man die zur Deportation Bestimmten gesammelt hatte. Sie beschuldigten sie, den Juden dabei geholfen zu haben, sich zu verstecken.

Marija legte im nationalsozialistischen Lager Ravensbrück angesichts der unmenschlichen Behandlung der Deportierten große Würde und Gelassenheit an den Tag. Am 31. März 1945, einem Karfreitag, wurde sie für die Gaskammer ausgewählt oder nahm vielleicht sogar die Stelle einer anderen Frau ein, die bereits für den Tod vorgesehen war. Diese Freundin der am Rand von Paris Lebenden und der Verfolgten starb im Konzentrationslager, in dieser abgegrenzten Welt, die in jenen Jahre die extremste Peripherie Europas darstellte.

Ravensbrück war nur die letzte Station in der komplexen Lebensgeschichte von Mutter Maria. Ihr ganz außergewöhnliches Nonnenleben erblühte aus der Konfrontation mit dem Schmerz über den Tod ihrer Tochter. Sie erklärte: „Ich spüre, dass der Tod meiner Tochter mich dazu verpflichtet, zu einer Mutter für alle zu werden." Der Metropolit Eulogios, eine große Persönlichkeit der russischen Emigranten-Christenheit, der für sie ein wichtiger Bezugspunkt war, hatte es anlässlich ihrer Einkleidung als Nonne so gesagt: „Es liegt tatsächlich mehr Liebe, mehr Demut und mehr Notwendigkeit darin, in den Hinterhöfen der Welt zu bleiben und deren verbrauchte Luft einzuatmen …" Mat'Marija war eine Nonne in den Peripherien der Welt, und sie hatte keine Angst davor, die verbrauchte Luft einzuatmen. Sie war eine echte Nonne, gekleidet ins schwarze Habit der russischen Nonnen (das oft von Haushaltsarbeiten befleckt war) und mit der typischen Haube, aber sie zog sich nicht vor schwierigen Situationen oder der Armut zurück.

1935 zog Pater Lew Gillet, ein orthodoxer (vom Katholizismus konvertierter) Priester zum Wohnen ins Kloster-Haus von Mutter Marija, worin sich das monastische Leben mit demjenigen ihrer Familie und den Lebensverhältnissen der Armen überschnitt. Dieses Milieu beschreibt er so: „Das ist ein seltsames Pandämonium: Wir haben Kinder, Verrückte, Vertriebene, Arbeitslose ..."[146] Mat-Marija war sehr darauf bedacht, allen zu helfen, jedoch äußerte sie, dass es nicht genüge, recht viele soziale Aktivitäten zu entwickeln. Sie schrieb:

> *„Ein authentisches soziales Christentum muss nicht bloß eine christliche Form haben, sondern zugleich auch ausdrücklich christlich sein. Dazu bedarf es einer anderen Dimension, nämlich einer mystischen Grundlage, die fähig ist, über die platte Spiritualität und den zweidimensionalen Moralismus hinauszukommen und zur Tiefe einer mehrdimensionalen Spiritualität vorzustoßen."[147]*

Mutter Maria war der Überzeugung, dass das soziale Handeln – oder besser: die Liebe zu den Randständigen – sich auf die Mystik gründen müsse, weil sie sonst zum Voluntarismus degeneriere und leicht erlösche: „Der große, der einzige Initiator des Handelns in der Welt – was eine echte Askese ist – ist Christus, der Sohn Gottes, der in der Welt Fleisch geworden ist und zwar ganz ohne irgendeinen Vorbehalt wegen seiner Göttlichkeit ..." Für sie war die Mystik der Schlüssel zur Liebe zu den Armen:

> *„Die Sozialarbeit, jeder Dialog mit dem Menschen im Namen Christi, muss die Form dieser Liturgie außerhalb der Kirche annehmen ... Ist das nicht der Fall, so ist unser Handeln, auch*

---

[146] L. Varaut, *Mat'Marija monaca russa*, Cinisello Balsamo 2002, 78.
[147] Ebd. 7.

wenn wir uns auf die christliche Moral beziehen, nicht wirklich
christlich, sondern hat nur den Anschein davon ..."[148]

Die Freunde der Nonne waren die Armen, die am Rand
von Paris Lebenden, die russischen Immigranten, die verfolgten Juden.

Mutter Maria sah die russisch-orthodoxe Kirche von
ihrem Exil in Paris aus und träumte davon, dass in dieser,
ausgehend von der Armut und der Freiheit, eine tiefgreifende Erneuerung einsetzen könnte:

„Unsere Mission besteht darin, aufzuzeigen, dass eine freie
Kirche Wunder wirken kann. Und wenn wir dann unseren
neuen, freien, kreativen, kühnen Geist nach Russland zu-
rücktragen können, ist unser Ziel erreicht."[149]

Von der Peripherie der im Exil Lebenden her, von der
Erfahrung der Diaspora, kann für das Mutterland eine Erneuerung kommen.

Das derart leidenschaftliche und dramatische Leben von
Mat'Marija steht zeichenhaft für eine wiederhergestellte
Gemeinschaft zwischen den Christen (man denke an ihre
Öffnung zu den anderen Konfessionen) im Leben und in
der Liebe zu den Armen und Verfolgten. Dieses christ-
liche und orthodoxe Zeugnis hinterließ bei den an den
Rand des Lebens Versetzten seine Spuren und erreichte
sogar das Herz der Schoah. Maria verspürte das Drama der
Spaltung der Christen angesichts des Zweiten Weltkriegs
und der Pläne des Bösen, die sich hinter diesem Konflikt
verbargen. Die Spaltung der Christenheit schwächt ihre
Stimme angesichts des Bösen. Marija, die angesichts des

---

[148] Ebd. 8.
[149] Ebd. 7.

Kriegs Entsetzen empfand, war sich dessen sicher, dass dieser Konflikt „unerbittlich den Weg für den folgenden Krieg bahnt". Im Kontakt mit der peripheren Welt reifte in ihr eine ganz eigene Deutung der Katastrophe, die sich über Europa zusammenbraute.

Doch die Nonne erkannte gerade in der Zeit des Konflikts, dass „es für die derzeitige Menschheit eine einzigartige Chance gibt". Sie wies darauf hin, dass „der Krieg ein Appell ist; der Krieg ist es, der uns die Augen öffnet". Tatschlich verlangt – laut Mutter Marija – der Krieg, dieses dramatische Konzentrat aller Übel und dieser Vater aller Formen der Armut, eine entschiedenere und einigere Mobilisierung aller geistlichen Kräfte sowie das einfache und radikale Bewusstsein, dass alle Christen auf der Welt zur Einheit bestimmt sind. Das Leben von Mat'Marija wurde mehrmals vom Krieg gezeichnet (vom Ersten und Zweiten Weltkrieg und auch vom Bürgerkrieg in Russland) und ging im Herzen des 20. Jahrhunderts zu Ende, im Universum der Konzentrationslager. Ihre letzten Botschaften aus dem Lager, die bis zu uns gelangten, sind ein besticktes Tuch, das den Sieg über das Böse darstellt, und eine ebenfalls gestickte Ikone mit dem gekreuzigten Christus in den Armen seiner Mutter. Sie bezeugen ein Leben im großen Schmerz und der Verlassenheit des Lagers, das an die Auferstehung Jesu glaubt und sie feiert.

Ein römischer Gottesnarr des zwanzigsten Jahrhunderts

Das westliche Christentum kennt ebenfalls, wenn auch in recht begrenztem Maß, die Erfahrung der „Gottesnarren", die sich an den Rand des kirchlichen und sozialen Lebens begeben. Dazu müsste man vielleicht die Jahrhunderte alte Lebensform des Einsiedlertums, bestimmte Ausdrucksformen des franziskanischen Lebens und andere Wege genauer in Augenschein nehmen. Aber man würde immer auf die Beobachtung stoßen, dass die Kirche von Rom dazu neigt, in zunehmendem Maß die Lebensformen genau zu regeln, die sich an ihren Rändern entwickeln.

Es gibt jedoch die Geschichte einer Person, die weithin unbekannt, aber bedeutend ist, zumal sie in den 1940er Jahren in Rom ihren Ausganspunkt hatte, als die Kirche von Pius XII. mit der Auseinandersetzung mit dem Kommunismus in Italien beschäftigt war, während sich in Osteuropa die Christenverfolgung seitens der marxistischen Regimes entfesselte. Es handelt sich um die Geschichte des römischen Priesters Giuseppe Sandri, der 1928 zum Priester geweiht worden war. Er war hoch gelehrt und feinsinnig, ein schöner Mann, der zu einer brillanten kirchlichen Karriere bestimmt schien. Zudem war er sehr gebildet, wie das verschiedene seiner Studien und Schriftübersetzungen zeigen. 1949 erlangte Sandri auf eigenen Wunsch seine Rückversetzung in den Laienstand seitens der kirchlichen Behörden. Seine Geschichte erinnert in mancher Hinsicht an diejenige von Bucharew im 19. Jahrhundert und anderer Gottesnarren.

Die Gründe für seine Rückversetzung waren für einen katholischen Priester ungewöhnlich: Es ging nicht um eine von den Behörden auferlegte Strafe, er hatte nicht vor, eine Ehe zu schließen, es gab keine disziplinären oder doktrinären Beanstandungen. Er wurde in den Laienstand zurückversetzt, „um besser nach dem Evangelium leben" und „besser das Evangelium Jesu Christi predigen zu können". Für die damalige katholische kirchliche Mentalität waren das unverständliche Beweggründe. Der römische Priester Don Giuseppe De Luca, ein anerkannter Wissenschaftler und Gelehrter und guter Freund von Sandri, konnte diese seine Entscheidung allerdings nicht voll verstehen und wollte ihn anfangs davon abhalten, sein Priestertum aufzugeben. Ihm kam es wie ein Verrat vor. Aber im Lauf der Zeit musste Don De Luca anerkennen, dass das Leben seines Freundes ein Geheimnis und nicht so einfach zu beurteilen war. Er bemerkte: „In seiner Nähe kommt dir im Herzen ein neues Empfinden für das christliche Leben hoch und es erscheint dir wie eine reine Formalität. Dabei geht es nicht so sehr um die Dinge, die du tust, einschließlich der Messe, sondern um den Geist, mit dem du sie tust."[150]

Mit seiner Entscheidung für ein Leben an den Rändern der Kirche und der Institutionen verfolgte Sandri tatsächlich die Absicht, aufzuzeigen, dass es im Bereich des Katholizismus zu einer Überbewertung der institutionellen Kirche gekommen sei. Er lebte arm als Pilger und widmete sich der Aufgabe, die Heilige Schrift in eine für die Menschen zugängliche Sprache zu übersetzen, auch wenn er diese Arbeit nur sehr zurückgezogen und ohne Öffentlichkeit ausführte. So erklärte er 1976 in einem Gespräch, das ohne sein Wissen aufgenommen wurde:

„Ich bin vier Jahre, nachdem ich Priester geworden war, Christ geworden. Aber ich bin nicht aus der Kirche ausgetreten, denn ich empfinde mich als Christ, ohne Fransen und irgendwelches

---

[150] R. Guarnieri, *Una singolare amicizia. Ricordando don Giuseppe De Luca*, Genua 1998, 110f.

*buntes Kostüm ... Ich habe dieses klare Gefühl gehabt, in
den Grundzustand zurückzukehren und über meinen Glauben zu reden und mit meinen Glaubensgeschwistern und allen
anderen auf Du zu sein, unabhängig von jedem Standesun-
terschied, denn der gab mir damals immer eine gewisse Aura
von Autorität ...*"[151]

Wie die zusammen mit Don De Luca mit Sandri be-
freundete Romana Guarnieri bezeugt, hatte Sandri vor
seiner Rückversetzung in den Laienstand mit diesem
schon oft über den Wert des Priestertums diskutiert und
dabei auch geäußert, dass die Priester sich weit vom Vorbild des Evangeliums entfernt hätten. Das kirchliche Rom
sei ihm schon damals recht widersinnig vorgekommen.
Guarnieri berichtet auch, wenn in den 1940er Jahren das
Gespräch auf Kardinal Suhard von Paris und die Arbeiterpriester gekommen sei, habe Sandri dafür großes Interesse an den Tag gelegt und sich viele Informationen
über dieses Experiment eingeholt. Ja er habe sich sogar zu
dieser neuen Art priesterlicher Lebensführung hingezogen gefühlt, im Unterschied zu De Luca, der das dagegen
als eine Neuerung ohne Zukunft betrachtet habe.[152] Die
Entscheidung von Sandri erregte in den kirchlichen Kreisen des Roms von Papst Pius XII. Aufsehen: „Es schien,
als rede er ganz seltsam daher: dass es jetzt an der Zeit sei,
mit einem Leben in der Freiheit der Kinder Gottes zu
beginnen", wie es 1949 in einer ans Vikariat geschickten
Notiz hieß.[153]

---

[151] Ebd.
[152] Ebd. 140.
[153] Ebd. 151.

So wurde Giuseppe Sandri ein „vagabundierender Apostel", der ohne festen Aufenthaltsort durchs Land und in die Berge oder durch die Ränder der Städte streifte. Er hatte keinen offiziellen Wohnsitz. Selten kam er nach Rom zurück, und wer ihn dort aufnahm, merkte deutlich, dass er ein Leben von großer Strenge und Buße führte. De Luca schrieb über Sandri: „Wo er hinging, gab es kein elektrisches Licht und an jenem Abend hatte er nicht einmal den üblichen Kerzenstummel bei sich; er aß also vor der Tür im Licht der Sterne und legte sich dann hin und spürte, dass das Fieber da war. Auf jeden Fall lag er auf dem Boden. So ist er, unser lieber und erstaunlicher Sandri."[154] Guarnieri dagegen erzählt: „Jemand hatte gesehen, dass er wie ein Arbeiter gekleidet war und an den Füßen ein Paar Holzschuhe trug. Es ging die Rede, dass er in einer Höhle in der Umgebung von Rom im Steinbruch arbeite und in einem verlassenen Schuppen schlafe."[155] Ennio Francia beschreibt ihn so:

„Man wusste nicht, wo er wohnte, welche Anschrift er hatte, was und wie er aß, wie er es schaffte, sich durchs Leben zu schlagen, das so elend war und in dem es einfach bloß darum ging, es weiterzuleben … Er hatte sich bis zu dem Punkt unauffindbar gemacht, dass er, als er den Stimmzettel beantragte, um gegen Abtreibung und Scheidung zu stimmen, Schwierigkeiten damit hatte, seinen Familienstand richtig zu beschreiben und zu beweisen, dass er noch lebte. Er blieb nirgends, tauchte aber überall auf, in den großen Städten genauso wie in den verlassensten Dörfern … Sonntags ging er ins Dorf hinab,

[154] G. Antonazzi, *Don Giuseppe De Luca uomo cristiano e prete (1898–1962)*, Brescia 1992, 187.

[155] R. Guarnieri, *Una singolare amicizia*, a.a.O. 145.

wohnte der Messe bei, packte sein Proviantbündel zusammen
und kehrte wieder nach oben zurück. Und er sang aus voller
Kehle das Lob Gottes, denn er wusste, dass nur ,der Vater
droben' ihn hörte. Und was tat er sonst? Er unterwies die
Kinder und Maurer im Katechismus und diskutierte mit den
Hafenarbeitern. Er hatte überall Freunde, und um ihnen noch
besser vom ,Vater' erzählen zu können, lernte er gründlich
Griechisch ...“[156]

Um ihn bildeten sich kleine Gruppen von Laien, ge-
wöhnliche Leute und Verheiratete (unter anderem betonte
Sandri sehr den Wert der Ehe, die – seiner Ansicht nach –
von der kirchlichen Mentalität abgewertet wurde). In einem Brief an eine Freundin unterstrich er, dass die Kirche
sich zu dem Zeitpunkt, als sie Staatskirche wurde, für eine
Logik der Macht entschieden und die ,natürliche Religiosität' eingeführt habe, um damit die kirchliche Gemeinschaft den Massen zugänglich zu machen: „Die Kirche
wurde mächtig und reich, die Bischöfe stiegen zudem auf
in zivile und administrative Funktionen von großer Wich-
tigkeit, und damit veränderte alles seine Farbe und seinen
Ton.“[157] Seiner Ansicht nach war die Pfarrei eine Form
des kirchlichen Lebens, die nunmehr in der Krise sei. An
eine seiner Korrespondentinnen schrieb er:

„Dein Drama angesichts der Pfarrei rührt daher, dass sie in
den ersten Jahrhunderten die religiösen Orden hervorgebracht
hat. Das ist ein Drama der gesamten Kirche von damals und
immer. Und im Grund genommen war es das gleiche Drama,
das in manchen Fällen Trennungen und Häresien verursacht

---

[156] E. Francia, *Seminaristi e preti a Roma*, Rom 1994, 32.
[157] A. Calvi, *Lettere da Stibbio*, Neapel 1975, 202. Alfredo Calvi ist das
Pseudonym von Giuseppe Sandri.

hat. Ihre Struktur erschlaffte, gab nach und verweltlichte; man-
che lehnten sie ab; andere lehnten nicht die Einheit und die
Struktur ab, zogen sich aber daraus zurück. Die Pfarrei ist der
letzte Ausläufer der Einheit und der Struktur: verflacht und
degeneriert zur X-Beliebigkeit."[158]

Sandri wollte sich auf keinen Fall außerhalb der Kirche und ihrer Einheit stellen: Er akzeptierte den Gehorsam ihr gegenüber, selbst wenn sie ihm unverständlich vorkam. Er verwarf auch nicht die Dimension der Pfarrei; er hatte kein Reformprojekt und war auch nicht darauf aus, ein solches zu propagieren, doch er war ein Mensch, der eine Existenz als Armer und Herumstreunender führte:

„Auch wenn der Christ sieht, wie die Hierarchie aus der Bahn
geraten ist und wann und wie die Substanz des Glaubens der
ersten Christen mit dem Hochhalten bestimmter Werte und
Bedeutungen vermischt worden ist, die legitim sein mögen, aber
immer sekundär sind, und selbst wenn er begriffen hat, dass
eine Erneuerung der Kirche notwendig ist, liebt er dennoch
das Zusammensein und versucht, mehr als er kann, ihr nicht
unwürdiges Mitglied zu sein."[159]

Sandri brandmarkte eine klerikale Degeneration in der Kirche, die im Lauf der Jahrhunderte stattgefunden habe, sowie die Ausbildung einer regelrechten „klerikalen Kaste", die nicht mehr in lebendigem Bezug stehe zu dem, was in seinen Augen die Christengemeinde nach dem Vorbild der Apostelgeschichte und der Paulusbriefe gewesen sei (deren Übersetzung, die er anfertigte, lasen

---

[158] *San Paolo. Messaggi ai cristiani di Tessalonica e Corinto*, hg. v. G. Sandri, Florenz 2007, 9.

[159] A. Calvi, *Lettere da Stibbio* a.a.O. 203.

dann seine Freunde und Anhänger). Für ihn war die echt christliche Gemeinde die „Versammlung" der Jünger Jesu, wie er es nannte.

Von seiner Außenseiterposition aus verfolgte Sandri auch das Zweite Vatikanische Konzil. Er vertrat: „Das Konzil sollte alles grundlegend erneuern." Aber den Erneuerungen durch das Konzil, die in den 1960er und 1970er Jahren vor sich gingen, stand er, der von der hierarchischen Kirche von Pius XII. weggegangen war, kritisch gegenüber, etwa der Bürokratisierung der Kirche und auch der progressiven Richtung in der katholischen Theologie und Pastoral. Er behauptete – das war in den Jahren gleich nach dem Konzil –, die italienische Bischofskonferenz sei eine Bürokratie geworden und habe das lebendige Empfinden für den Bezug des Bischofs zur „Versammlung" verloren.[160] Seiner Ansicht nach waren der am meisten Besorgnis erregende Aspekt in der Kirche nach dem Konzil nicht die „Greise im Vatikan", das heißt die Kardinäle und Kurienfunktionäre, wie er sie in den Jahren von Papst Paul VI. nannte. Als in Italien 1974 das Referendum über das Gesetz anstand, das die Möglichkeit der Ehescheidung eingeführt hatte, vertrat Sandri gegenüber seinen Freunden energisch, dieser Gesetzestext gehöre abgeschafft.

Die Krise der religiösen Praxis nach dem Konzil kam ihm als eine Art Dekadenz der natürlichen Religion vor, die etwas anderes sei als das Christentum. Den progressiven Katholizismus mochte er nicht und auch nicht bestimmte Aspekte der nachkonziliaren Kirche („den

---

[160] (G. Sandri), *Attestazione di un piccolo cristiano*, lorenz 1975, 32.

berüchtigten Jugendkatechismus der italienischen Bischofskonferenz"):

> *„Ich spreche nicht bloß von den üblichen Balducci, Carretto
> und Turoldo[161], diesen chronischen und sozusagen zu edlen
> Agnostikern stilisierten Gestalten, die Lobeshymnen spinnen
> und das Brot brechen, an das sie nicht glauben (da ist Fran-
> zoni[162] schlichter und hält sich mit der politischen Livrée auf-
> recht). Ich spreche hier von den Dutzenden von Priestern zwi-
> schen dreißig und vierzig Jahren, die nicht wissen, wer Jesus
> Christus ist und das Evangelium nach den Vorlesungsskripten
> von Bultmann[163] und Jeremias auslegen."[164]*

Es ist schwierig, von Sandri ein Profil zu zeichnen, weil
er – trotz einiger Schriften, die in einem engen Kreis zir-
kulierten und einiger fast heimlich aufgezeichneter Ge-
spräche – nicht gern von sich selbst sprach und sehr scheu
war, gleichsam ein Illegaler in der Gesellschaft. In einem
Kommentar über den Schatz, der im Acker verborgen lag,
veranschaulichte Sandri gewissermaßen die Lebensform,
die er sich erwählt hatte:

---

[161] (Anm. d. Ü.:) Drei damals in Italien beliebte spirituelle Autoren:
der Priester Ernesto Balducci (1922–1999), der Kleine Bruder Jesu
Carlo Carretto (1910–1988) und der Servitenpater David Maria
Turoldo (1916–1992).

[162] (Anm. d. Ü.:) Der italienische Benediktiner Giovanni Battista
Franzoni (geb. 1928), Autor eines Buchs mit dem Titel „Auto-
biografia di un cattolico marginale" („Autobiografie eines Rand-
katholiken").

[163] (Anm. d. Ü.:) Die deutschen protestantischen historisch-kritischen
Bibel-Exegeten Rudolf Bultmann (1984–1976) und Joachim Jere-
mias (1900–1979).

[164] *San Paolo. Messaggi ai cristiani di Roma e della Galazia*, hg. v. G. Sandri,
Florenz 2009, 9.

„Mit diesem Fund war er glücklich, derart glücklich ... und
dann ging er hin und verkaufte alles, was er hatte; sogar die
‚Torheit' ... (es ist unmöglich, dass jemand dieses Gleichnis
hätte erfinden können, sie ist ein Merkmal dessen, der da
sprach) die Torheit dessen, der den Schatz entdeckt, er ver-
steckt ihn, geht hin, um alles zu verkaufen, verkauft alles,
sein Haus, sein Hemd, alles, warum? Weil dieser Schatz mehr
wert ist als alles ...“ [165]

Seine Wahl, die er auch seinen Freunden vorschlug, war
die, das Evangelium zu lesen, seine eigene Existenz radikal zu ändern und die anderen aufzufordern, das Evangelium zu lesen und es in die Praxis umzusetzen: „Und
wenn man dann den anderen hilft, werden von Zeit zu
Zeit viele andere Dinge zum Vorschein kommen und das
Leben füllen.“ So entwickelte sich das Leben von Giuseppe Sandri in Armut, an den Rändern und im Verzicht bis
zu seinem Tod im Jahr 1985. Über sein Ende schrieb einer
seiner Gefährten aus der Seminarzeit:

„Es heißt, Giuseppe Sandri sei auf seine Weise von uns
gegangen. Das war die Weise eines Einzelgängers, in einer
Hütte in Salerno, die ihm ein mildtätiger Gefährte aus Semi-
narzeiten zur Verfügung gestellt hatte. Die Bauern hatten ihn
etliche Tage nicht herauskommen sehen, gingen hin, um nach
ihm zu sehen und fanden ihn vom Fieber verbrannt.“ [166]

Welches Urteil fällten die meisten über ihn? In der im
Vikariat von Rom zum Zeitpunkt seines Ausscheidens aus
dem Klerikerstand gesammelten Dokumentation steht zu

---

[165] San Paolo. *Messaggi ai cristiani di Fiippi, di Colosse, di Efeso, agli Ebrei,*
a Filemone, a Tito, a Timoteo, hg. v. G. Sandri, Florenz 2012, 1.
[166] R. Guarnieri, *Una singolare amicizia* a.a.O. 171.

lesen: „Jemand hielt ihn für verrückt, die meisten nannten ihn heilig." Der Kardinalvikar von Rom, Francesco Marchetti Selvaggiani, bemerkte: „Ich neige zur Annahme, dass Sandri in eine Geistesverwirrung geraten ist, die er sich durch sein Herumstreunen zugezogen hat sowie durch seine übertriebenen und seltsamen Entbehrungen, denen er sich vorsätzlich unterwarf."[167] Sandri selbst gebot, über sein Leben zu schweigen: „Wenn jemand fragt, wer Sandri sei, so gebt zur Antwort: Wer? Sandri? Er war einer, der Jesus liebte. Das reicht."[168] So sieht oft die Entscheidung derjenigen aus, die sich für die Peripherie und das sich Verbergen in ihr entscheiden: Eine Fruchtbarkeit als Motiv und als Sinn, von der sie glauben, dass sie weit über den Ruf ihrer Persönlichkeit oder die Erinnerung an ihre Geschichte hinausgeht.

[167] Ebd. 153.
[168] Ebd. 110.